执迷过往是问题所在，拥抱变化才有出路。
Clinging to the past is the problem. Embracing change is the answer.

格洛丽亚·斯泰纳姆
（Gloria Steinem）

应对力

[美] 伊莲·福克斯（Elaine Fox）著

王保令 译

SWITCHCRAFT
THE HIDDEN POWER OF MENTAL AGILITY

牛津大学
备受瞩目的心理学课

中信出版集团 | 北京

图书在版编目（CIP）数据

应对力 /（美）伊莲·福克斯著；王保令译. -- 北京：中信出版社，2023.4（2023.12重印）
书名原文：Switchcraft: The Hidden Power of Mental Agility
ISBN 978-7-5217-5194-9

Ⅰ. ①应… Ⅱ. ①伊… ②王… Ⅲ. ①心理学 Ⅳ. ① B84

中国国家版本馆 CIP 数据核字（2023）第 035686 号

Switchcraft: The Hidden Power of Mental Agility
Copyright © 2022 by Elaine Fox
Simplified Chinese translation copyright © 2023 by CITIC Press Corporation
Published by arrangement with Hodder & Stoughton Limited, through The Grayhawk Agency, Ltd.
ALL RIGHTS RESERVED
本书仅限中国大陆地区发行销售

应对力
著者：　　［美］伊莲·福克斯
译者：　　王保令
出版发行：中信出版集团股份有限公司
　　　　　（北京市朝阳区东三环北路 27 号嘉铭中心　邮编 100020）
承印者：　北京盛通印刷股份有限公司

开本：880mm×1230mm 1/32　　印张：10.5　　字数：150 千字
版次：2023 年 4 月第 1 版　　印次：2023 年 12 月第 2 次印刷
京权图字：01-2023-0475　　书号：ISBN 978-7-5217-5194-9
定价：59.00 元

版权所有·侵权必究
如有印刷、装订问题，本公司负责调换。
服务热线：400-600-8099
投稿邮箱：author@citicpub.com

目录

前言 // I

基础篇　为什么应对力很重要

第 1 章　接受并适应变化　// 003
第 2 章　管理不确定性与焦虑　// 022
第 3 章　自然界中的灵活性　// 044
第 4 章　灵活性与心理弹性　// 053

应对力的第一基石　思维灵活

第 5 章　思维灵活的好处　// 069
第 6 章　思维灵活的基础：认知灵活性　// 089
第 7 章　思维灵活的 ABCD 四要素　// 110

应对力的第二基石　自我意识

第 8 章　认识自我　// 145
第 9 章　信念与价值观　// 172

应对力的第三基石　情绪意识

第 10 章　了解自己的情绪　// 199
第 11 章　学会调节情绪　// 223

应对力的第四基石　情境意识

第 12 章　直觉的本质　// 253
第 13 章　纵观全局——情境激发直觉　// 268

总结　应对力的一些关键原则　// 291
附录一　九点谜题答案　// 303
附录二　如何为个人故事的组成部分评分？　// 305
致谢　// 309

前言

我躺在床上抽泣，怎么也止不住。

我很少哭，但那次却被自己犯的大错击垮了。我当时17岁，几周前，我决定不上大学了。我要当会计师，这样才能赚到足够的钱环游世界。但当我在当地会计师事务所实习几周后，我意识到自己错了，我的未来都让自己毁了。

虽然事务所的每个人都非常友善，但我发现那里的人保守古板，工作枯燥乏味。每天我都会盯着窗外，眼巴巴地熬到下午5点下班。经历过实习，我以后不会当会计师了。我来自都柏林的一个低收入工人家庭，虽然父母非常支持我，但我的选择非常有限。接受高等教育看似是我唯一的出路，而我意识到这一点为时已晚。大学申请截止日期是第二天中午，受理大学申请的中央申请办公室却远在爱尔兰另一端的戈尔韦市，早就过了邮寄申请表的最终期限。

我把头埋在枕头里，一直哭泣。父母轻轻的敲门声把我从痛苦中拉出来。他们从没见过我这么伤心，我告诉他们我哭泣是因为我错过了上大学的机会。

"好啦！别哭啦！还来得及。"妈妈说。

她建议我们坐晚班火车去戈尔韦并在那儿过夜，第二天早上亲手把申请表交上去。听到这个建议，我惊呆了！这种积极思考的方式完全不符合妈妈的性格，她一般都是盯着问题而不是寻找解决方案，但我的痛苦似乎促使她采取了行动。很快，爸爸开车把我们送到都柏林另一端的休斯敦火车站。我坐在去往戈尔韦的火车上填写申请表。那天夜里，我和妈妈住在一家小民宿里。在一家俯瞰大海的热闹餐厅里，我们吃了炸鱼薯条。直至今日，我仍然清晰地记得第二天早上我们赶到申请办公室交出密封好的信封时我感受到的喜悦。

在那之后，我刻苦学习，取得了不错的成绩。六个月后我收到了一封信——我被都柏林大学录取，专业是基础科学。这开启了我神奇至极的学术生涯，持续至今。我大学毕业已经40多年了，每当我回顾过往，许多曲折的经历还是令人印象深刻。一路走来，我经历过大起大落。为了应对，我需要多次调整，不得不从内到外做出改变。比如，在青少年时期，我对在人前演讲感到恐惧，所以很少会站在舞台中央，我不得不努力克服对公开演讲的恐惧，才能成为大学教师、科学传播者和生活导师，帮助无数精英运动员和商人达到职业顶峰。毫无疑问，我对研究应对力和复原力心理学的兴趣源于这些早期的经历，这成为我毕生的追求。当然，我现在意识到，即使我当年错过了大学申请的截止日期，也会有其他的解决方法，或者我完全可以走另一条路。绕过障碍和挫折，人生往往有多种可能性。

驾驭自己的未来

人生总要做出选择，这些选择几乎没有对错之分。无论什么情况，肯定会有难以抉择的时候。这种非人为的不确定性就是真实的生活。即使回头看，人也永远无法真正确定自己是否做出了正确的决定。例如，你可能会庆幸自己嫁（娶）对了人，所以才会有这么好的孩子和幸福的生活，但如果你嫁（娶）了另一个人，你也可能有同样好的孩子，可能会更快乐。一个人永远也不会知道做出其他选择会怎么样。人的选择有很大的自由度。

无论是职业道路还是个人决定都有很多途径。即使人有"我早就知道了"的后见之明，也很少能做出"正确"的选择。这与在学校参加考试非常不同，考试答案有正确和错误之分，能写出正确答案就能得高分。而在生活中，每天遇到的问题各不相同，可能有"错误"的答案，但很可能同时存在几种"正确"的解决方案。

唯一拥有确定性的就是不确定性。接受并适应这一点至关重要。我们觉得世上存在不确定性，确实如此。如果我们学不会与不确定性和平共处，我们很容易不堪重负。在心理学和神经科学方面的研究让我明白，只有习惯了存在不确定性的世界才是成功的关键，只有接受并适应不断变化的人才能成功。

好消息是，我们可以提高自己的应对力。这需要练习，需要经常走出自己的舒适区。就像我设法克服了不愿在公共场合发言的恐惧心理，随着时间的推移，我满足了成为一名学术心理学家的所有要求。

充分发挥大脑随机应变的能力——我称之为"应对力"——并为我所用，具有颠覆性的意义。重要的是要记住，我们应该学会随机应变并掌控自己的幸福，而不是成为变化的被动受害者。我们必须积极管理自己的生活方式。应对力是指那些帮助我们驾驭纷繁复杂、不可预测的世界所必需的心理技能。我一次次地看到，培养灵活的思维模式（即能够灵活驾驭自己的想法、感受和行动）可以改变一个人的生活，提高我们的应对力。在本书中，我总结了几十年的工作心得，与大家一起探索出色应对不确定性所需要的心理技能。你将学会如何变得更加灵活，找到对你来说真正重要的东西，更加深入地了解自己的情感并做到一如既往、不改初衷地保持自己的成就感、好奇心和对生活的热情。

保持思维的灵活性能使我们在变化中成长。应对力之旅的第一步是接受变化，认识到不确定性是生活中不可避免的一部分。生活时时有变化，有时变好、有时转坏，如何驾驭变化决定了一个人现在以及未来的幸福。如果你不愿意改变，或是对新事物持谨慎态度，那你就需要努力了。相信我，迈出第一步会改变你的生活。

灵活性已融入我们的 DNA，能提高我们的适应力。好消息是，大自然为我们提供了变得灵活所需的一切。我们可能认为自己所处的时代动荡不安，实际上历史上的大多数时期都很动荡，很不确定。一直以来，人们不得不应对战争、饥荒、洪水、地震、政治动荡和瘟疫。所以，我们实际上比想象中的自己更能灵活应对上述不确定性。

提高生存能力的关键是如何灵活应变，适应挑战和变化。我们的祖先，以及地球上的所有其他生物，一直都在应对不断变化的世界。随着年龄的增长，我们通常会失去灵活应变的能力，并采取惯用的应对方式。但我们内在的灵活性仍然可以在遇到危机时展现出来，或者在我们采用更加开放的行事方式时展现出来。

人类的大脑已经进化到可以预测信息。想象一下如果句子中缺少一个词是多么让人郁闷！为什么？因为你的大脑预测了应该有某个"词"，所以这个词的缺失会让人感到意外，大脑也可能将这个词的缺失编码为"预测错误"。当我们对周围发生的事情做出反应时，实际上是大脑利用以前的经验预测了接下来可能会发生的事。最新的科学研究告诉我们，在清醒时刻，人的大脑会预测我们接下来要干什么。大脑时刻都在提醒我们可能会发生什么，虽然这种提醒不易让人察觉，但这有助于我们分析周围的环境，分析来自我们身体内部的信号。这种连续的过程使得我们每个人都有敏锐的适应能力和反应能力,我们只需知道如何驾驭它们即可。大脑的每个预测都会告知身体需要哪些资源,然后身体就会巧妙分配其储备,准备好采取必要的行动。

情绪是思维敏捷的关键。虽然我们通常意识不到这些情绪,但我们可以通过正念疗法中被称为"感觉基调"的东西感知到。情感科学研究中有个令人惊讶的发现:不是每种情感都有一种特定的感觉。相反,我们感受到的是一种愉快或不愉快的总体感觉,这是多种感觉基调的组合。这种感觉基调会在大脑意识到之前,就告诉我们周围发生了什么。感觉基调是我们了解情感生活的微妙窗口,告诉我们什么行为让人感觉高兴、不高兴,或既不感到高兴也没感到不高兴。正是这些感觉基调给每一个可能的行动和想法带来紧迫感。在嘈杂的现代世界中,我们经常听不到身体发出的信号,错过了这些感受中包含的智慧。所以,培养情境意识和直觉很重要。情境意识和直觉能帮助我们感知到灵活的思维系统,思维系统能帮助我们驾驭日常生活中的所有复杂事务。

矛盾的是,我们灵活的思维系统也会让我们被自己的行为方式所困。没错,这个会预测的、灵活的思维系统也是让我们不愿改变的原因。虽然这个系统能使我们快速适应变化,但它消耗太多能量。许多我们预测要发生的行动实际上永远都不会发生,这可能会让人疲惫不堪。疲惫的大脑可能会被担忧和各种想法占据,由此产生的不愉快的感觉基调会给我们注入消极情绪。我们内心的批评家会找到更有新意的方式来告诉我们在某种程度上我们失败了，我们还不够好。我们的大脑会尽可能保存能量并坚持固有的思维方式，这样一来，消极的情绪旋涡被释放出来，但这使我们一直被困在固有的行事方式中。

这就是为什么我们大多数人天生不喜欢变化。我敢打赌你也经常拒绝改变自己既定的做事和思考方式。无视变化、顽固不化会不可避免地、一步一步削弱一个人的能量和活力。

为了保持思维灵活性，提高适应能力，我们必须学会改变。

不灵活的思维会导致焦虑和抑郁。在我几十年的心理学和神经科学研究生涯以及辅导无数商业人士和精英运动员的过程中，我逐渐意识到了简单却非常了不起的一点：灵活的大脑会大大提高一个人成功和幸福的可能性。但是另一方面也不容忽视：僵化的大脑会加剧焦虑和压力，"因循守旧"会破坏一个人的生活。

我这种思想的核心始于我职业生涯的早期，始于我测试大脑运行机制的小隔间中。我一直痴迷于研究我们的注意力如何被负面信息所吸引。墙上的蜘蛛、地板上爬着的令人毛骨悚然的小动物、收音机里令人震惊的消息，都会引起我们的注意。警惕危险是过去遗留下来的本能，可以想象我们祖先的生活多么危机四伏。我们一般只会关注感知到的威胁，但对于那些焦虑的人来说，情况要糟糕得多。

多年来，科学家们一直在努力解决一个问题：当我们面对威胁时，在大脑中，尤其是焦虑的大脑中，到底会发生什么。我进入这一研究领域后，从前人集体研究的成果得知，我们的大脑深处有一个不断寻找危险因素的威胁检测系统。我们焦虑时，这个系统进入过度警觉模式。对于某些人来说，即使处于安全状态，也会保持高度警觉。这就是焦虑的本质。这也意味着我们在不断扫描周边环境，寻找潜在危险。许多证据支持这一假设。

我从不相信这种"高度警觉理论"就是问题的全部。在我自己的一些研究中我注意到，主要问题实际上并不是因为焦虑的人在扫描寻找威胁，而是一旦威胁出现，他们就企图将注意力从威胁中移开。将注意力从威胁中分离出来的难度与提高第一时间发现威胁的能力的难度不一样。

我所说的"因循守旧"注意力系统会导致僵化的思维。这就像当你注意到一只蜘蛛时，一般会转头看看它在做什么。我们内心深处的思想、情感和行动也是如此。一旦有了令人痛苦的想法，我们就很难将其从大脑中去除。这种因循守旧的思维会流经我们的大脑，导致重复的担忧和苦思冥想，使我们陷入困境，破坏我们的幸福感，降低我们抓住机遇的能力。

自助并不总是管用。在发达国家，我们有吃有住，还有一系列令人眼花缭乱的改善生活的东西。除此之外，几十年来在全球心理学实验室的研究工作已经找到了许多有效帮助我们出色应对困难并发挥潜力的方法。然而，我们中的许多人仍然在日常生活中艰难跋涉，而不是享受生活。当我与成功的商人一起工作时，他们中的大多数人承认，他们既不像他们应该的那样快乐，也不像他们希望的那样有成就感。这究竟是怎么了？

有数不清的自助方法声称可以解决问题。有人说要有正念，活在当下很重要；有人说无论如何都要继续前进，要"坚毅"；还有人说关键要靠"成长型思维"。这些建议有扎实的科学支持，数百万人因为使用这些技术改善了他们的生活。然而，复杂的科学往往被简单化了。实际上，生活中没有"一刀切"的解决方案。告诉自己要有正念，要坚毅，放弃固定思维或培养积极性可能有点像告诉高尔夫球手只专注于推杆或只练习长杆。但因为变化无常，人的实际情况与所使用的工具可能会不匹配。当需要坚毅时，改变策略的意义就不大；需要改变时，毅力同样无用。

我认为，决定我们幸福感和成功与否的关键在于知道在何时用何种方法，并在不同的方法之间切换。有很多证据表明，我们需要一系列应对生活挑战的方法。但光有数量还不够，我们还需要根据时机灵活选择正确的应对方法。这是应对力的精髓。

应对力的巨大作用

世事难料，复杂多变，这就需要我们掌握许多不同的技能来应对。回到我们前面提到的打高尔夫球的类比，虽然一场高尔夫赛只有18洞，但需要很多不同类型的高尔夫球杆来应对不同的挑战。虽然我自己不打高尔夫球，但我一直觉得高尔夫球赛是人生的完美比喻。打高尔夫球会遇到各种问题——球可能会陷在沙坑里，落在水中，甚至掉在蛇出没的树林里，但无论球落在何处，都得以某种方式处理才能到达终点。虽然终点只有一个，但设计师在设计高尔夫球杆时各有创意，以应对各种可能的情况。生活也是如此。找到当下解决问题的方法是关键。学会几种不同的方法来应对挑战，并培养灵活的思维方式，以便选择正确的应对方法，才是出色应对的本质。

培养灵活的思维方式有助于我们应对变化，应对各种挑战，或做出更好的决策。

我是一名认知心理学家和情感神经科学家，研究能使我们出色应对各种情况的科学。我就职于牛津情绪与情感神经科学中心（OCEAN）——这是我创建的实验中心，直属牛津大学，主要研究人的遗传构造与大脑功能。这些研究结果有助于进一步理解人的心理复原力和应对力。我还和我的丈夫凯文·达顿（他也是位心理学家），共同创立了一家牛津精英表现公司。公司应用尖端的心理学和神经科学理论，帮助那些体育、商界和军界的精英充分发挥其潜力。我已经辅导许多人在体育和商界取得了更好的成绩，一次次见证了提高思维灵活性带来的好处。这也与我在科学实验室的发现相吻合。我自创了"应对力"这个词来进一步阐释这种基本的心理能力。应对力效用的证据与日俱增。

应对力的四大基石

应对力有四大基石，每一个都很重要。它们合在一起超级厉害，帮助我们跨越生活中的沟沟坎坎。

- **思维灵活**：指思考、行动和感觉很敏捷、灵活，这样我们就可以按照自己的方式穿越一马平川或崎岖不平的地形，能很好地适应不断变化的环境。科学研究表明，思维灵活由四个不同的部分组成，我称之为灵活性的"ABCD四要素"：A. 适应能力（Adaptability）；B. 平衡（Balancing）生活的能力；C. 改变或挑战（Changing or Challenging）看问题的角度；D. 发展（Developing）的心理能力。
- **自我意识**：一种审视自己内在的能力，以便可以深刻理解自我与欣赏自身的核心价值观和能力。这有助于我们进一步了解自己的希望、梦想和能力。
- **情绪意识**：是自我意识的一部分，但在我们的生活中非常重要，它本身就能自成体系。学会接受和培养所有情绪，包括好情绪和不良情绪，这至关重要。情绪意识能调节情绪并利用情绪服务于价值观和目标，而不是让情绪成为主人。
- **情境意识**：情境意识不仅需要自我意识和情绪意识的支持，更要结合对周围环境的理解，即向外看，深度、直观地了解周围环境以及自身的"直觉"。这种内在和外在意识的结合体能告知你在某种情境中能否恰当行事。

应对力就像指南针，帮助人在生活中找到正确的方向。我们可以在生活中通过训练提高应对力。不论是对付难相处的老板、管理复杂的团队、管教多动的孩子、解决与朋友的纠纷，还是让自己干劲十足，人内在的指南针都可以帮助我们做出正确的决策。这个指南针哪怕存在毫厘之差，也会使人偏离路线很远。应对力将四种重要的心理能力结合成强大的心理武器，助人做出决定：是坚持到底还是做出改变？正确的决定越多，人生越容易成功。

我希望这本书能结合心理学和神经科学的前沿方法，帮助你解决生活中不可避免的挑战。借鉴前沿研究，应对力会搭建一个实用的框架，提升你的心理适应能力，让你的生活成功、丰富、充实。你会识别那些让人拒绝改变的想法和行为，你的思想会更开放，同时你可以学会让思维变得灵活的调整方法，学习如何更能接受不确定性。只有松开束缚你的枷锁，释放那些助长恐惧和焦虑的无形的思想和行为模式，你才能自由，才能发现一个更令人满意、精彩纷呈的未来。

本书的使用方法

我建议你用日记记录日常生活。书中有大量的练习和测试，这些练习和测试会让你变得更灵活，更能深入了解自己，调节自己的情绪，培养直觉能力，并学会为一切可能发生的事情做好心理准备。许多人发现将这些练习和想法写在日记里非常有帮助。就个人而言，我更喜欢老式的 A4 笔记本，但如果你觉得电子日记更适合自己，也可以采用电子日记。无论采用哪种方式，日记都会帮助你记录事情的进展。写下一些想法并做一些练习虽然很简单，但可以带来巨大的变化。

本书分为五个主要部分。我们从基础知识开始，先了解为什么应对力很重要。改变我们的日常生活，找到处理变化可能带来的不良后果的方法也同样重要。我们探索令人着迷的科学，科学表明灵活性是大自然的重要组成部分，灵活的大脑对发展心理弹性必不可少。

接下来，我们会仔细研究应对力的四大基石。在第一基石（思维灵活）部分，我们要探讨思维灵活的益处；还要从大脑的"认知灵活性"这一心理学研究领域探讨思维灵活的基础；然后，我们要探讨灵活性的 ABCD 四个关键要素。通过第二基石（自我意识）部分，我们会了解为什么要更关注身体的反应，如何弄清自己到底是谁，什么才是真正重要的。第三基石（情绪意识）部分会探索情绪的本质以及如何理解并有效调节情绪。第四基石（情境意识）部分考察我们直觉的本质是什么，不同的生活阅历通过什么方式可以增强人的直觉和对外部世界的了解。

　　最后，我收集了本书中提到的提高应对力的一些主要原则。我希望应对力策略能帮助你在这个充满变数与未知的时代学会出色应对并管理好自己的健康幸福。

　　祝你旅途愉快！

基础篇

为什么应对力很重要

第1章
接受并适应变化

通常,天空漆黑一片,声音震耳欲聋。夜空中,螺旋桨的轰鸣声盖过了零星飞过的导弹发出的嗖嗖声。直升机中,男女队员挤在后面狭小的空间里,左右摇晃,他们无法知道距离地面有多高,甚至不知道距离目的地还有多远。指令来了:"两分钟后到达。"队员们开始反复检查个人装备。"背包安全",确认;"头灯已戴好并关闭",确认;"夹克已穿好",确认;"头盔已扣好",确认。当直升机飞向地面时,侧门打开了。伴着"快!快!快!"的命令,队员们一个接一个地从离地约1.2米高的地方快速落地。

为避免有人发现他们,几秒钟后,直升机盘旋离去。救援小组在黑暗中奔跑,寻找伤员。一股热浪袭来,恶臭扑鼻,身体烧焦的味道让人永生难忘。

皮特·马奥尼上校是英国陆军医疗应急响应小组(MERT)的指挥员。他们组成医疗小队,工作条件极其艰苦,而且大部分时间都待在黑暗的直升机后仓里。为了不吸引敌人的火力,他们不得不把灯关掉。一到战场，他们便迅速开始搜寻和救治伤员。在去救治伤员的途中，他们经常会遭到猛烈的炮火袭击。医疗队通常由五到六人组成，包括创伤外科医生、麻醉师、护士和辅助医务人员，还有至少两名负责保护医疗队的士兵。

皮特上校不仅是医学顾问，通常还是医疗队里最高级别的军官，全权负责医疗队。但是，根据情况变化，队员们会在任务的不同时段交替指挥队伍。他们刚刚落地时，由士兵指挥。一旦他们发现伤员，医务人员会接管指挥权并开始系统评估伤员情况。无论何时，安全第一。如果情况太危险，他就会马上命令队员撤离。一旦确定了伤者伤势的轻重缓急，麻醉师就会控制局面，决定给谁注射镇静剂并送回直升机，给谁就地治疗。所有这些都发生在真实的战场上，火力极其猛烈，情况瞬息万变。

伤势较轻的伤员会按照特定的顺序接受治疗。一般在现场，由护士负责治疗。如何以及何时将伤员送回到相对安全的直升机上，由士兵决定。接下来由直升机驾驶员判断返回并降落在地面人员指定的地点是否安全。当伤势最重的伤员被带回直升机后，他们必须马上决定是在近乎全黑的、来回晃动的飞机上直接手术，还是等他们回到野战医院再处理，这样的决定由皮特上校和另一位高级别医疗人员商量后拍板。

一般人很难理解这种工作环境对灵活处理情况的要求有多高。皮特上校经常要听命于级别比他低得多的队员，这在军队中极不寻常。但是这一决策体系优化了团队完成任务的能力。它需要所有团队成员的灵活处理、团结合作，效果非常好。

尽管医疗应急响应小组所处的环境非常特殊，但这些场景确实反映了日常生活中需要不断适应变化的极端情况。说不定哪一天，我们乘坐的火车会晚点，网络可能会崩溃，孩子可能会发烧，我们可能会失业或被迫搬家，伴侣可能会说他（她）不再爱我们了，父母可能会离世。我们越早接受生活中的不确定性，我们就能越早过上幸福生活。

在我们周围，政治和社会变革似乎仍在以我们无法跟上的速度加速进行。全世界都在质疑美国特朗普政府的反复无常，英国"脱欧"给欧洲带来了巨大的不确定性，新冠大流行蔓延开来，我们被恐惧和不安所笼罩。很难想象 iPhone 是在 2007 年才发布的，现在智能手机催生了许多公司，如优步、爱彼迎、字节跳动、Tinder、Instagram，以及许多其他没有智能手机就会不复存在的行业。与此同时，新冠大流行推动了 Zoom 和其他视频会议系统的发展，而这些系统在此之前一直是小众产品。

工作中，变化自始至终

尽管如此，在商界，变化就像手术一样，虽然可以解决问题，但往往令人不快。我发现，这种情况在个人和公司身上一再发生。

公司在实施变革时，往往认为变革是暂时的，有开头、中间和结尾；变革是不得不忍受的事情，需要专家来负责——事实上"变革管理"本身就是一个蓬勃发展的行业。变化不是一次性的手术，而是一个持续的过程，应被视为工作和生活的正常组成部分。妥善应对变化需要拥有正确的心态。与其在"变化"和"照旧"之间制造一个人为的分界线，不如接受变化自始至终存在。

在工作中，我们大多数人都视变化为威胁。这在公司进行重组时尤为常见。即使你认为这些变化有必要，你可能仍然不舍得离开舒适区。当然，有些变化可能是威胁。但当面对一些难以抗拒的新事物时，你更需要仔细斟酌，冷静评估发生的情况。

应对策略

应对策略有助于准确识别出变化，我们可以用交通信号灯系统来衡量变化的积极和消极方面。抱着这个想法，我们要欣然接受被列为"绿灯"类的变化并尽量增加其数量，仔细观察属于"黄灯"类的变化，同时要盯紧属于"红灯"类的变化，因为这类变化可能会破坏你的美好愿望。这个策略的关键是尝试并确保你将大部分时间和精力花在属于"绿灯"类的变化上，同时试着考虑可能阻碍你的"黄灯"类和"红灯"类变化。定期这么做肯定会有回报。

1. 退后一步，看看你此刻所处的位置。

想想变化的性质，列两个表，一个表中列出变化的一些主要优点，另一个表中列出一些缺点，然后分别填上你的短期、中期和长期目标。

2. 借用交通信号灯系统来了解变化可能对你个人目标产生的影响。

把可能妨碍你的变化元素归为"红灯"类，有危险迹象的归为"黄灯"类，可以很好地实现你的目标的归为"绿灯"类。比如，如果你的公司要从单独的办公室搬到开放式办公室，你可能会因为感觉自己"被围观"而紧张，环境噪声会影响你发挥，与客户的秘密讨论可能会被别人听到，这些都算是"红灯"或"黄灯"类，而与别人的合作机会增加或与他人进行创造性的对话算是"绿灯"。

我辅导过一家房地产开发公司的高级经理戴维，当时他的老板宣布要合并两个庞大的团队。戴维是商业团队的领导，他得知他们现在要与住宅团队联手，这让戴维有些兴奋，但更多的是担忧。他的"红灯"是害怕他会失去与当前团队之间的乐趣、亲密感和团队合作，如果带更大的团队，他担心不可能保持同样的水平。"黄灯"是他需要在两个不同的地方上班，这可能会减少他与家人在一起的时间。但是，"绿灯"是他很可能被任命领导合并后的更大的团队，这样一来，他为实现自己的领导雄心算是迈出了关键一步，这是最大的部分。

戴维借助交通信号灯系统来帮助他完成了身份转变。他将前"住宅"团队的成员与较熟悉的"商业"团队的成员结为较亲密的团体，组织了几次社交活动。这有助于以前独立的团队之间相互了解，并保持了戴维喜欢的团队乐趣和团队合作。他现在不得不在两个地方上班，但他尽量做到每星期只离家一晚。他还参加了一些短期领导力课程，以更好地满足自己想在公司领导层中升迁的雄心。

变化与调整

心理自助作家和生活辅导师威廉·布里奇斯对变化和调整做了区分：变化是我们一生中都会遇到的外面发生的事件；调整则不同，调整是为了很好地应对生活中的变化所必需的、微妙的内在重新定位和自我定义。正如布里奇斯所说："如果没有调整，变化只是重排一下家具而已。"对于我们生活中的重大变化，例如新生儿的到来或工作跳槽，我们中的许多人都做了细致的准备，但我们很少考虑做内在调整，这真的会让人不知所措。

我辅导了一位顶级运动员，我们就叫他"哈利"吧！他曾经在体育事业上取得了巨大的成功，并在30岁时退役了。他因伤病困扰，难以保持原有水平所需要的高强度训练，他知道退役才是正确的决定。他显然已经过了巅峰期，也意识到应该换个工作，但他告诉我他真的为自己"前体育明星"的新身份苦恼不已。

退役前一年，他不遗余力地为身份改变做准备。他与演讲机构签约去做励志演讲，与电视和广播公司为成为一名体育评论员进行了会谈，他还报名参加了教练培训课程以便能当教练。起初，所有这些都很顺利，特别是他的评论员工作开始有了起色。但他在这之后的一年里，不想与人竞争，变得越来越不快乐。一开始，他认为这与缺乏周密安排有关。他当运动员的时候每天训练三次，但他在我那里咨询的时候已经不再训练了。他听从了我的建议，开始早早起床，每天早上跑八千米，接下来他剃须，吃早餐。这些简单的仪式确实有所帮助。然而，白天无所事事的问题仍然无法解决。他开始酗酒，几乎每天晚上都出去，这给他与妻子的关系带来了问题。他成了靠不住的人，一家大代理商将他除名了。

他告诉我，在他照镜子的时候，他会问自己："我看到的是谁？"不再是"冠军"或"体育明星"，那么自己到底是谁？我们意识到这就是问题的症结所在。他不再拥有明确的身份，虽然他已经为改变身份做好了充分的外部准备，但他没有将自己的内在从倍受追捧的运动员调整为"前体育明星"。从本质上来看，他困在了不同的身份之间。

开始始于结束

身份转换过程包括首先放下旧身份，然后经受一段时间的迷茫与困惑，最终重新开始。要调整好内在，必须经过这些过程。我鼓励哈利回到起点，即结束他的运动员职业生涯。他花了几个月的时间认真思考放弃职业运动员身份，思考放弃他大约从10岁就开始的生活意味着什么。这实际上是一个悲伤的过程。谢天谢地，他现在以体育评论员和青少年教练的新身份来从事这项运动。我们一起提出了四个基本原则，帮助哈利度过了身份转换的艰难时期。

1. 尊重过程——成长有自己的节奏，我们不应该试图强迫改变节奏。
2. 身份认同的自我调整至关重要——人只能通过改变内在来适应新环境。
3. 接受自己的新身份，接受改变身份需要的过程。
4. 在此期间，降低对自身的期望。

充分的休憩

我们的工作和个人生活会发生变化。正如我们看到的，这些变化可能会带来身份认同危机，无论我们是否知道它发生，都需要我们进行内在调整以很好地应对变化。结婚多年的男人如果因为妻子离开而再次单身，可能真的会挣扎很多年。这种类型的变化对我们的生活具有深远的影响。那么，我们如何帮助自己应对这些变化呢？

　　大量研究表明，特别是当我们已经感到焦虑和担心时，虽然改变可能让人害怕，但我们可以学会应对它。我们需要的是时间和自我同情，让自己与以前的事物脱节，计划并逐渐开始接受新目标和新可能性。德国精神分析学家弗里茨·珀尔斯创造了"充分的休憩"这个术语。这个术语指的是一个事件的结束与另一个事件的开始之间的这段时期。

　　我自己的实验很快就揭示了人们从非常简单的心理集合（如"将一个数字归类为奇数或偶数"）转换为另一个集合（"将一个数字归类为大于或小于3"）时所出现的中断和延误，这被称为"转换成本"。所以想象一下，一个人从其原有身份，比如从"婚姻幸福者"，转换到"离婚""单身"或"丧偶"身份时需要多少时间和精力。给自己留一段"充分的休憩"至关重要。而且，正如珀尔斯所指，这段时间不仅是空档期，而且是先与世界断开连接，然后逐渐重新建立连接的过程。这段时间绝对有用，并且必不可少。

　　重大转变需要时间和精力。失去工作、结束关系、亲密朋友死去，所有这些都会阻碍一个人前进并迫使其重新评估自己的生活和目标。任何改变都会让人面对不舒服的问题并挑战其认为理所当然的事情。我们天生就会试图逃避重大变化带来的痛苦，也许是通过专注于工作，甚至通过饮酒或服用药物来麻醉自己。让自己有时间体验痛苦和悲伤，并花时间适应新情况很重要。如果变化是正向的，比如建立新关系、搬了新家或者换了新工作，花时间适应也同样重要。比方说，不要从一份工作直接跳到另一份工作，试着抽出一些时间，哪怕只是周末简单离开一下，以确保两份工作之间有一点空档时间。哪怕两份工作在一天之内交接，也要抽出时间去散散步，做个冥想，或者和朋友见面聊聊天，只要是插入日常时间间隔就行。

无论是什么生活事件，大脑都需要时间来适应。随着你从最初的感到意外转变为逐渐接受并适应新的现实，中间需要多次微调来应对变化。以下是我给一对在事业取得重大进展并从一个国家移民到另一个国家的夫妇做辅导的几个步骤：

1. 每天留出固定的独处时间。专门留出一段时间静坐，体验内心深处的感受。
2. 花时间列出新生活中的所有不同于以前的地方。我让他们试着去想当他们离开熟悉的地方时会发生的所有变化，整理出会对生活的其他领域产生的影响。重要的是深入细节。例如，他们写道："几个月后我们的收入不会像以前那么多，所以我们得精打细算""我们每周都得努力结识新朋友，因为没有人认识我们"，还有"我们需要花时间去不同的小区转转，并定下来要去哪里生活"。根据重要程度把这些问题和担忧排序。排在前面的问题解决了，焦虑就会大幅减少。

了解你能买得起什么位置的房子很重要,所以每周花一个小时左右在线查看不同地区的房产和价格,会给人一种期待感,并有助于用兴奋的心情取代怀疑。还有一些更深层次的问题:"我目前的角色对我的身份来说很重要吗?""如果我离开目前居住的小区,别人会用不同的眼光看待我吗?"

3. 花时间为损失哀悼。准备好接受悲伤的情绪,不要将它们与士气低落或失败混淆。我辅导的这对夫妇知道他们会错过一些地方,错过一些人,并对此感到非常难过。没关系。感到悲伤、害怕、沮丧,甚至感到困惑是自然的。他们经历了一段不知道自己是否做出了正确决定的困惑期。给自己一段时间去经历这种不适应很重要,不用觉得必须得人为让悲伤情绪消失。

4. 分清哪些变化已经结束,哪些没有结束。变化并不意味着全是悲伤和眼泪。将变化根据事件分组列出。留意能让你更加认清自己的有趣因素。许多变化,如没有节日仪式、日常生活的变化、失去早已熟悉的身份等,可能会让人害怕、怀疑,有些东西可能会永远消失,因为它们与时空密不可分,但并非所有事情都永远处于结束状态,找出那些可以转换或适应新情况的事情。

开始变化

当我 26 岁时，我意识到必须得戒烟。但之后有很长一段时间，我没心没肺，极力否认要戒烟这件事，并不再考虑戒烟的可能性，更不要提可行性了。但是我多次参加网球比赛，在那些日子里每到比赛接近尾声时，我就因为筋疲力尽而丢分。吸烟削弱了我的耐力，这让我感到害怕。

我仔细审视了一下自己——我现在称之为"情境分析"，我为什么要做一些明显对我不好的事情？没有理由不戒烟了。我尝试戒烟，但屡戒屡败。我想到了解决办法，规定自己只在午餐时间吸烟。起初很难做到，但渐渐地，能忍住不吸烟的时间越来越长，有时还没想到要吸烟就该吃午餐了。这看着像戒烟成功了，但它不堪一击。我非常清楚，任何压力或意外事件都会让我上午忍不住吸上一口。慢慢地，我把"限制吸烟时间"推到了下午 3 点以后，接着是下午 6 点以后，再后来到晚上 8 点以后，最终完全戒烟了。

中间有几次反复。在很多场合，通常是在派对上，我的大脑会玩些小把戏来说服我不吸烟很可笑。比如，其他人都很享受而我为什么不能吸烟呢？吸烟对我来说没那么糟糕吧？吸根烟与不吸烟有什么区别呢？所有这些想法盘旋在我的脑海中，削弱了我的决心。瘾君子的大脑最会找理由，最会说服人了。

我开始接受"复吸就是复吸，仅此而已"，重要的是马上重新开始，这一次尽量不要再出错了。大约18个月后，我彻底戒烟，从那以后再也没有碰过烟。当我开始认为自己不会再吸烟后，关键时刻到了。我的身份变了。正如我们在哈利身上看到的那样，这种转变对于帮助保持住一个人的新定位极其重要。

被动处理变化是一回事，而有时我们也会主动寻求改变。主动寻求改变其实与被动处理变化一样难，有时甚至更难。

改变人生的五个主要阶段

关于戒烟的大量研究表明，要成功戒烟有五个主要阶段。这一点适用于任何改变，无论是健身、减肥还是职业转变。在我自己的尝试中，我能识别出这五个阶段。前两个阶段你根本没有准备好改变。很多人会犯的错误是，没有弄清楚他们想要改变什么，以及为什么要改变。随后进入下一个阶段：你会意识到改变有好处，但是又有点儿担心其不利的一面。权衡这些利弊可能需要一些时间，你会在拖延改变和决定改变之间摇摆不定。直到这时你才准备好制订计划并采取行动。你可能会去参加尊巴舞课程，戒掉碳水化合物，或者和人谈关于不同职业选择的话题。最后的阶段是坚持。怎么确保自己能够坚持新行动和目标？家里不放烟，多和经常去健身房的人交往，或者在日程中安排定期锻炼。

以下是应对改变的每个关键阶段的简单概述。

第一阶段：预思考阶段

进行"情境分析"。列出一份清单，内容是对你有好处、你想保留下来的。清单可能包括某些朋友、习惯或爱好。接着，列出不太好、你可能想改变的，可能包括某些朋友、吸烟过多或酗酒的习惯，或者睡眠的改善。在这个阶段，不要做出任何重大决定或制订计划。只是列出生活中那些让你真正快乐的事情和另一些你不太确定的事情。

第二阶段：沉思阶段

现在认真考虑一下你想要改变、停止或开始的任何事情，并列出其好处和要付出的成本，然后做出明确的决定，如我想戒烟，我想一周内戒酒，我想每周锻炼三次。要做出具体决定，列出具体目标，比如要写"我想三个月内减掉三公斤"，而不是"我想减肥"，然后将你的决定告诉别人。有大量证据表明，告知他人我们的决定会使我们更有可能坚持下来。

第三阶段：准备阶段

现在开始计划和考虑新的日常安排。例如，如果你想减肥，请列出你最有可能暴饮暴食或最不想锻炼的时间和情况，并列出其触发因素，比如，你早晨要喝杯咖啡，要在电话里聊天，或者是因为天冷。一旦意识到这些触发因素，你便可以考虑并找到可替代它们的应对策略。你是否应该稍微改变你身处的环境或行为？哪怕是一段时间的改变？有时，可能只需设定一个固定的锻炼时间就会管用。安排健身课程或在特定时间跑步，并与自己约定：无论天气如何，无论自己感觉如何，都要走出去按照计划去做。再一次强调，告诉其他人你的打算，并列出能支持你的人的名单。这个阶段是规划如何实施计划。

第四阶段：行动阶段

现在该将计划付诸行动了。如果实施不了，所有的计划都毫无用处。所以，一旦有了计划，比如"我要在下午5点去健身房"，不要找任何借口，不假思索地去做就好了；如果想开始早点起床，设好闹钟并在闹钟响后就起床，不要设成贪睡模式，只需起床即可。随着时间的推移，你会发现其实无须过多考虑计划，你几乎会自动完成计划。（令人惊讶的是，通常是过度考虑破坏了我们最好的计划。）最后，不要忘记在自己做到后对自己进行奖励。大概每周安排一次奖励，只要确保奖励不会让你回到以前的行事方式就行。

第五阶段：保持与反复阶段

几乎可以肯定，你会不时遇到反复的情况。如果它真的发生了，请不要为此暴打自己，而要表现出一些自我同情。你正在努力做的事情很难。要把故态复萌当成宝贵的教训，把绊脚石变成垫脚石。在日记中记录自己的成功和失败，回顾一下导致失败的情境、情绪和触发因素。对我来说，戒烟复吸通常是在我工作疲惫不堪、面临重重压力时，或者是当我累了和朋友出去放松时。

疲倦是一个明确的危险信号，所以我要确保充足的睡眠，避免在感到疲倦时参加社交活动。情况反复时可以问问自己，你本可以怎么做？你有什么因素是没有考虑到的？你可以做哪些改变防止这样的事情再次发生？

避免生活方式的僵化

　　一般情况下我们要坚持不懈，但并非总要如此。如果你不会因时而变并重新开始，你可能得考虑一种不同的方法。你需要提防因为不放弃无用的计划而慢慢变得"精神僵化"。我说的"精神僵化"的意思是不能以最适合的方式灵活行事或思考。

　　就我而言，以前多次想戒烟却戒不了，要一下子彻底戒烟太难了。但是，我安排自己在某些时段可以吸烟，把"戒烟"计划分成几步实施，就变得容易多了。从"每天吸两支烟减到完全戒掉"比从"一天一整包到完全戒掉"容易多了。通常说来，一步步干事本身不是很难，逐渐养成习惯就会改善，且不会影响你的生活。有时我们也会卡在过渡阶段。刚开始时，我想让自己努力成为"戒烟者"，但后来我意识到实际上我需要在身份上做出更大的调整，要变成"不吸烟者"。

　　多想办法是应对变化的关键。要不断提醒自己，生活中的大多数问题很少有单一的解决方法。凭简单的秘诀可以轻松应对变化的想法虽然有吸引力，但具有误导性。生活很复杂，我们在生活中要解决的问题需要许多不同的解决方案，需要尝试不同的灵活方法。

伟大的宗教一直都知道这一点。你可能会觉得有些组织的规则根深蒂固、僵化老套，但实际上这些组织提倡的生活方式出奇地灵活。例如，我就搞不明白为什么会有如此令人眼花缭乱的各种瑜伽流派。仅在印度教传统中，我们就有业瑜伽、信瑜伽、智瑜伽和王瑜伽。不同的流派可以帮助我们实现略有不同的精神目标。印度教慈悲神和爱神——克里希纳（Krishna）的故事清楚地表明，要达到开悟不能靠单一的途径，我们每个人都必须找到自己的方式，也就是说允许有一定程度的灵活性。

释迦牟尼还允许"道德灵活性"。他觉得尽管古代文献以指导我们过上好生活的形式提供了"明智的忠告"，但这些不应被视为僵化的戒律或规则，相反，人应该用自己的判断来决定应该如何行事，而不是被迫按照不可逾越的固定价值观行事。类似的思想在伊斯兰信仰中也扮演着核心角色。伊斯兰教规定了一些为数不多的禁忌活动，还有少量人人必须履行的义务，而大多数人活动在这两个极端之间，要靠自己的判断和良心，在做事方法和生活方式方面表现出个性，从而发展出一种独特而合法的伊斯兰习俗。

基督教也培养灵活性。现代基督教的创始人圣保罗认可灵活性的重要性。他承认："面向什么样的人，我就做什么样的人。无论如何，总要救些人。"

美国演员兼武术家李小龙也倡导相关原则。在谈到生活时，李小龙总结说："我们经常犯一个错误，试图迫使世界适应我们，而不是靠灵活性和适应力，以最合适的方式应对出现的情况。"李小龙告诉我们，"要像水一样"。不要坚持僵化的信念和行动，我们更要像水，找到一条穿过裂缝的路。李小龙说，作为一个人要真正做到表达自我，需要的是一个持续成长的过程，我们不能保持风格一贯不变，因为"风格是不易改变的结晶体"。他用最喜欢的比喻说道："流水不腐。所以你必须保持像水一样流动变化。"

应对力是应对生活中的重大变化并做出调整的能力，我们要靠它找到处理意外曲折的方法。这些策略至关重要，因为生活充满了不确定性和变化。因此，我们不仅要学会接受变化，还要拥抱变化，这样才能开启应对力之旅。

本章小结

- 接受事情不是一成不变的才能积极应对。
- 如果要经历重大变化,切记给自己留一段"充分的休憩"。
- 为了促成生活中的变化,需要经历五个阶段:
  - 预思考阶段——初步认定变化是个好主意
  - 沉思阶段——认真思考可能要做哪些改变
  - 准备阶段——想出如何调整改变的计划
  - 行动阶段——将计划付诸行动
  - 保持与反复阶段——思考如何将新习惯保持下去
- 要应对不断变化的世界,必须承认需要各种不同的方法。人生中遇到的各种问题几乎没有"一刀切"的解决方案。

第 2 章
管理不确定性与焦虑

有时生活会出人意料，让人心绪不安。我们会惊慌失措，感觉就像站在悬崖边缘，很容易跌下去。无论是战争、海啸还是疫情，这样的危机会给我们带来不安全感，觉得自己很脆弱。

生活中遇到不确定性很正常，它们会在我们人生最好的时候出现，我们从未遇到过像始于 2020 年的新冠大流行这样的情况。随着病毒在世界范围内传播，我们想知道：什么时候可以再出去旅游？会不会有隔离措施？学校会关闭吗？我们能研制出疫苗吗？我的公司能渡过难关吗？很明显，这些问题当时没有明确的答案。我们的生活方式面临的不确定性显而易见。国家关闭边境，飞机停飞，餐馆、酒吧和俱乐部关闭，许多人不得不居家办公，有些人临时停职或彻底失业，甚至必须另谋职业。

仪式的力量

　　仪式可以为混乱和不确定的世界带来一些条理和秩序。在新冠大流行期间，保持社交距离与隔离措施导致许多活动，例如音乐会、体育比赛和纪念庆祝活动被取消，洗礼、受戒礼、婚礼和葬礼也都被取消。我用 Zoom 视频会议系统为很多公司及其员工提供咨询，一起探讨如何在这前所未有的时期最大限度地保有幸福健康。一条很管用的建议是，在日程安排上加入一些仪式和精心安排的活动。比如可以早起一小时在早餐前散步、跑步或做瑜伽，每星期花点时间给朋友打个电话，每天安排一段手机关机时间用来读书或听音乐。

　　对于处理生活中不可避免的不确定性，这些小仪式可以产生意想不到的作用。它们管用是因为人的大脑有预测功能。但因为大脑不可能获取完全准确预测所需的全部信息，所以经常会预测错误。例如，当你走一段楼梯时，大脑会预测一层台阶的高度，你根据大脑预测的高度抬脚，如果大脑预测差了几厘米，你必须迅速做好调整。大脑把这次预测编码为"错误信号"，将其储存起来，以确保下次做对。可以说，大脑是从错误中学习的。

　　虽然这一切都发生在人的意识雷达之下，但如果大脑发出大量预测错误的信号——如果我们的日常生活被打乱就会这样——你就会担忧、焦虑。大脑是"不确定性探测器"，不确定性增加时，人的警惕性和焦虑会随之增加，而情况可控时，人就会放松。仪式之所以有效，是它们让大脑有机会做出一些更稳定的预测，并留出一些空间来处理别的事情。

新冠大流行触发了会给我们带来强烈不确定感的大量因素。整个世界陷入了混乱，我们面临着很多不确定性，比我们在上一章探讨的那些具体变化更强烈。这种明显的不确定感会进一步加剧担忧和焦虑。

什么会引起不确定感？

研究表明，有两种类型的情况很可能会引起不确定感：

- 新环境。比如，与不认识的人一起开始新工作，或来到陌生的国度。
- 不明确或不可预知的情况。生活充满了不确定性，我们很难知道是否会有个好结局。比如身体有点儿疼痛，这可能表示病情不严重，但也有可能是患了重病的征兆；有人可能会说些含糊其词的话"我听说公司要调整"，这句话可能表示好消息，如要收购别的公司或有人要升职，也有可能表示坏消息，如公司要裁员或关闭分公司。类似的情况还有：观看比分接近、结果不明确的足球比赛，与潜在投资者（她可能会投资你的公司，但目前还不确定）谈判，不确定是否会工作面试成功，等待对自己的未来具有重要意义的考试结果。

这些情况都会导致人的焦虑和压力水平飙升。我们可以将不确定性视为一种过敏原。即使很少量的过敏原也会导致不良反应，大量则会导致更强烈的反应。作为人类，我们渴望安全感，这就是为什么我们所有人在某种程度上都不能容忍不确定性。还有部分原因是情况不明或不确定性会大量消耗大脑能量。请记住，大脑喜欢能够预测未来，想通过确定、预测我们的生活来减少不确定性。

但总会有无数的"可能"场景出现：人可能会失业，可能被确诊致命疾病；第三次世界大战可能爆发；某人的孩子可能在操场被劫持；我们可能都是由遥远的外星文明精心策划的超大矩阵博弈的一部分……麻烦的是，我们不能明确排除以上任何一种可能性，甚至连那些涉及外星人的假设也不能排除。所以，不管我们喜欢与否，我们必须接受不确定性。

你对不确定性的容忍程度如何？

在心理学中，我们称之为"对不确定性的低容忍度"（intolerance to uncertainty），这一术语恰当反映了我们对未知事物的恐惧程度。每个人对不确定性的容忍度不同，但这不是"固定不变的"。

我们的容忍度也会根据我们的感觉情况而波动。当觉得受到威胁时，人会变得不宽容；感到放松、安全时，人对不确定性的不适程度会减弱。人越是与不确定性抗争，就越有可能试图避免生活中的不确定性，而不是想办法应对。好消息是，人的容忍度是有可能改变的，尤其当不容忍会对生活有负面影响时。

以下问题会让人了解自己对不确定性感到不适的程度。请如实回答问题，并根据对每个问题的回答给自己打1到5分，然后把总分加起来。

1 = 一点儿也不像我
2 = 有点儿像我
3 = 有一些像我
4 = 非常像我
5 = 完全像我

1. 我真的不喜欢意料之外的事情
2. 如果没有我需要的全部信息，我会有挫败感
3. 有很多事情如果不确定，我就不会做
4. 我总是尽量提前做好计划，以避免发生意想不到的事情
5. 即使是意外发生的小事也会破坏计划好的一天

6. 我有时因为不确定性而无法做事
7. 我总是想知道未来我身上会发生什么
8. 当我不确定时,我会表现不佳
9. 如果我对某事有任何疑问,我觉得很难有所行动
10. 我尽量避免所有不确定的情况

* 10~12 分属于"非常低"分数
* 13~15 分属于"低"分数
* 16~28 分属于"平均水平"分数
* 29~45 分属于"高"分数
* 46~50 分属于"非常高"分数

分数越低表示对不确定性的容忍度越高。分数"非常低"表明你对未知事物感到好奇,并且很乐意接受可能前后有变化的新信息。得分"非常高"表示对不确定性不能容忍,这样的人一方面容易担心,又需要安全感,所以会引发焦虑和压力。当不确定时,人会努力保持安全感及"安全行为"。安全行为能让人安心,减少不确定性。比如,因为担心孩子就总给他打电话,先核对餐厅供应的菜谱再去吃饭等,都属于安全行为。我们所有人都可以通过本章的练习减少对确定性的依赖,并变得更习惯接受未知事物。

寻求安全感和确定性本身并不是一件坏事,但它很容易变成强

迫行为并导致焦虑升级。当然，如今我们大多数人都随身携带智能手机，它实际上是一种"寻求确定性的装置"：如果我不确定孟加拉国的首都是哪里，手机可以在一秒内告诉我答案是达卡；如果我不知道朋友是否在附近，我可以给他们发短信并马上收到回复，甚至可以通过应用程序确定他们所处的位置；如果我想知道最近的比萨餐厅在哪里，可以立马找到。

心理学家一直在研究手机是否可能导致人越来越不能容忍不确定性和焦虑。一项研究分析了1999—2014年美国的相关数据。在这段时间里，手机使用量大幅增加，与测量到的对不确定性的低容忍度的显著增加相吻合。当然，在此期间，社会上发生的许多其他变化可能会对此有影响，所以我们需要对如何解释这类数据持谨慎态度。不过我们要知道，多接触不确定性是件好事。由于手机能让人迅速获得安全感，看起来似乎会使我们减少接触不确定性，但它也会降低我们对不确定性的容忍度，让人更焦虑。

毫无疑问，一定程度的计划和尝试增加生活中的可预测性会管用，也是很好的管理压力的方式。然而，在有用的前瞻性规划与相当程度上要消除未来的不确定性企图之间，只有一线之隔。如果因为对不确定性略有不适，我们就试图不断寻求安全感和确定性，这样做可能会引起问题。常见的行为包括：

- 经常寻求安慰

- 不时地搜索信息资料
- 过度依赖列表权衡对比
- 拒绝别人代劳,坚持事必躬亲
- 总是反复核查
- 过度准备
- 追求完美
- 拖延
- 避免新情境或非筹划安排的情境

对不确定性的恐惧会引发担忧

现实中,几乎没有什么情况是我们可以完全确定的。因此,从逻辑上讲,我们必须习惯这一点:100% 确定的情况不存在。我们不喜欢变化,也同样不喜欢情况不明确。所以说,担忧是难以忍受不确定性常见的副产品。当我们不确定时,我们的威胁检测系统会开始高度警惕,这样一来当然会不断引发担忧和焦虑。

担忧是一种应对方式

当我们感到不确定时,担忧就会跃跃欲试,企图控制我们的未来。这是一种对不好结果的心理应对方式。按说因为担忧而采取行动会有成效，但通常情况下都会徒劳无益。我们想当然地认为，如果我们为每个"最坏的场景"和问题的各个方面担忧，就会找到解决方案。不幸的是，这根本行不通。担忧不已并不会让我们对事件有更多的控制权，它只会消耗我们的能量，破坏我们的活力。

引发我们担忧的往往不是具体的问题，而是由这些问题引发的不确定性。早上你可能会担心能否准时送孩子上学，下午可能会担心家人的健康，而到了晚上你可能为是否应该更换老化的洗衣机而烦恼。你担忧的不是具体的事，而是这些事引发的不确定性。

不能容忍不确定性会影响我们挑战自我的能力

当我们在个人生活或工作中遇到问题时，一部分困难是我们不知道接下来会发生什么。但是，如果细想一下就会发现，每个决定都得在一定的不确定性范围内做出。喜欢不确定性的人通常愿意接受不确定的情况，因为他们的思维方式愿意接受未接触过的、具有挑战性的信息，而那些不太喜欢不确定性的人一般来说思维方式更封闭，更愿意接受熟悉、可预测的情境。

有些人通过选择非常简单或难度大的解决方案来应对这种不确定性。非常简单的解决方案仅仅因为简单就很有吸引力；难度大的解决方案也很诱人，因为这样的方案即使失败了也不会损害一个人的自尊。我辅导的一位年轻田径运动员凯蒂正为此苦苦挣扎。她有时接受不可能实现的方案,有时将目标放得太低。在比赛选择上,凯蒂通常会和比她慢得多的人来比,这样她就可以轻松击败对手。平时她会与比她更快、更有经验的人一起训练,虽然这样做确实让她跑得更快,但我们意识到她实际上在退缩不前,因为没有人,包括她自己,指望她能击败那些更有经验的对手。凯蒂向我承认,她最害怕与那些实力与自己接近的对手比赛,这样的比赛胜负难以预料。

  我们一致认为她应该做出改变,并需要开始定期与能力差不多的人对抗。这点说通后,凯蒂也明白了为什么她会经常感到很紧张,在全国选拔赛这样的重要赛事中表现不佳,因为在这样的比赛中,她无法避开和她水平相当的对手。在几个月的时间里,她用了我在本章后面讨论的一些方法,但主要还是通过让自己参加越来越多的结果不确定的训练课程和比赛,来提高她对不确定性的容忍度。她参加了与她擅长跑的项目不同的比赛项目,看看自己的表现,然后选出与她实力相近的新训练伙伴。随着对不确定性越来越熟悉,她居然开始享受起来。值得庆幸的是,她的焦虑情绪急剧下降,在重要赛事中与实力相近的运动员比赛的成绩越来越好。她现在定期角逐国家队选拔赛。许多人习惯这样的想法:从失败中学到的东西比从成功中学到的更多。但也许鲜为人知的是,在超级简单和超级难之间的中间地带才会学得更多,取得的进步会更大。

对不确定性的恐惧让我们仓促做出熟悉的决定

大量研究告诉我们，不确定性促使我们做出熟悉的决定而不考虑其他选择。我们发现，这也是人们应对恐怖威胁的反应方式。在有恐怖威胁发生的环境中人们会特别认可和信任现任政治领导层，会更渴望参加宗教仪式，并更愿意展示国旗等具有象征意义的物品。我们试图通过找到一些稳定、确定或熟悉的感觉来缓解紧张情绪。在一项有趣的研究中，试验组美国学生在观看了恐怖袭击的视频后能够比对照组更快地对毫无关联的问题做出决定。他们面对的不确定性越大，就越可能会选择那些"果断"而非"开明"的政治领导人。

当感觉不确定、有压力或疲倦时，大脑会渴望确切的答案。这时候我们非常不想考虑复杂问题，因为这时候的动机通常是减少不确定的感觉，而不是寻求最佳答案。当然，虽然不能百分之百做到，但人们最好在感到放松和安全时做出重要决定，尤其是结果难以预料的重要决定。

自在应对各种不适

治疗师经常用帆船的比喻来帮助解释这一点。想象一下，你是船长，正驾驶一艘小帆船穿越人生的长河。你经过的水域有的风平浪静，有的波涛汹涌，浪花会不时打湿你的脚，脚会觉得冷。你知道船不会沉，不会危及生命，但感觉很不舒服。船上有个小水桶，可用桶把水舀出去。船进水越多，要舀的水就越多。当你挣扎着往外舀水时，你得看看船的情况。船还在朝着正确的方向前进吗？你有没有因为光顾着舀水而忘了掌舵？

现在你仔细看看桶，你会发现桶上到处是洞。你一直在使用错误的工具往外舀水，与此同时，你的船一直在四处漂流。你是选择在一艘漫无目的、四处漂流、没进水的船上待着，还是愿意忍受船上虽然进了水、脚冷得不行，但船在朝正确的方向前进？担忧就是我们故事中漏水的桶，它是处理不确定性的错误工具，使得我们躲开了必须面对的问题。增加我们对不适感和不确定性的容忍度，具有革命性的意义。容忍不适感和不确定性可以帮助我们所有人，包括我们的领导者——如果给他们机会的话——做出更好、更明智的决定并实现我们的目标。

人无须总是感觉良好才能表现出色并取得想要的成就。这值得我们反思。有时候，我们需要接受不确定性和压力，说白了就是接受糟糕的感觉，并与之和平相处。能出色应对的人不回避负面的想法、感受以及不确定性，而是接受这些都是生活的正常部分。所以，如果人感觉快快乐乐、精力满满不能算是心理治疗成功——虽说能达到这样的效果太好了——如果能学会在不确定性和负面情绪面前比以往更快乐地生活，这才算是心理治疗的成功。

多接触不确定性

如果脑子里还闪现着逼真的恐怖形象就马上做出糟糕的结论，这是灾难的开始。我正在辅导的女商人亚历克莎就遇到了真实的问题：她的伴侣艾哈迈德无法在固定的时间给她打电话，这一问题变成了她的大麻烦，她丈夫的焦虑也跟着升级。每当会议未结束或者堵车无法打电话给她时，艾哈迈德就开始慌了，因为他知道亚历克莎会因此而惊慌失措。如果不确定性继续下去，她会越来越焦虑并做出各种能给她带来安全感的事情，例如不断给艾哈迈德发短信确认他没事，给她认为可能与他在一起的同事或朋友发短信，甚至查看当地的交通事故新闻。这些做法不仅都不管用，甚至使事情变得更糟。最后当他们终于联系上了，迎接艾哈迈德的一定是她的愤怒，因为她觉得是艾哈迈德不和她沟通才引起了她的焦虑。

我们三个人一起制订了计划，帮助亚历克莎慢慢接受不确定性，并帮助她明白生活中的不可预测性并不总是坏事。我们安排了些小插曲——艾哈迈德出人意料地主动打电话来嘘寒问暖，或者捧着鲜花去她的办公室，带她出去吃午饭。她则同意做到：在平时，如果艾哈迈德没按常规时间通话，她保证不会再想方设法联系他。亚历克莎觉得这非常令人痛苦，但她最终意识到她的担忧和寻求安全感的做法会使问题变得更糟。如果你发现自己会夸大事情的严重性并在利用这样做带来的好处，那就值得花一点儿时间去纠正。通常,你得努力尝试才能找到方法。

我鼓励亚历克莎深入思考她针对不确定性的消极信念并对其进行测试。其中一个信念是,"当我不确定艾哈迈德怎么样的时候,我无法干其他任何事情"。我要求她一个小时不与艾哈迈德联系,可以去忙着开会,或去完成项目。她对此感到特别不自在,但测试后她意识到她能做到,而且也没有发生任何不好的事情。

"行为实验"的力量

我和亚历克莎所做的练习就是心理学家所说的"行为实验"——这个实验要测试人的信念和期望。实验首先让人接触小"剂量"的不确定性,并探索担忧的益处。通过行动找准想法,可以测试出你最担忧什么。这样的实验可以改变你对不确定性的看法,改变不确定性只有消极影响的看法。

针对你生活中不太能容忍不确定性的地方,你考虑设计一些自己的行为实验。你可以从小处着手:假设你经历了一场充满怨恨与敌意的家庭争执,十年不与家人联系,你害怕尝试与亲人重新建立联系……可能你目前什么也没做。与其这样放任不管,你不如先联系一下好久没见的朋友或熟人,试一试感觉如何。接下来,你可以去解决一个稍微难一点的问题——比如与商店或酒店讨价还价。整体思路就是:从小小的不确定性开始突破,随着你变得越来越能接受，逐渐将不确定性加码。

你是否不停浏览社交媒体、关注新闻？如果是，先减为半小时浏览一次。一旦你习惯了，再改为每小时浏览一次，然后一步步来。最后，试着在规定的时间每天只浏览一次或两次。适度休息一下——出去一个小时，不要带手机，或者干脆关机几小时。（这是我最近在一次学校演讲中给一群青少年的建议，他们吓坏了。）不要逃避这样做，这样做可以让你对自己的行为有所控制，并更能接受不确定性。

做这些实验的时候要抱有好奇心。对"可能发生的事情"更感兴趣并持开放的态度，可以消除不确定性带来的痛苦，让你想到可能会发生的结局的积极一面，而不会总觉得结局会很糟糕。首先，写下你预期的结果：它会是消极的、积极的，还是既不积极也不消极的？然后，写下实际结果：它是消极的、积极的，还是既不积极也不消极的？如果结果不好，你会怎么应对？你有能力应对吗？你会随机应变吗？你还有什么可以做的？这很重要，因为找到解决问题的方法，在你以后碰到类似情况时会对你很有帮助。实验的总体目标是从相信"不确定性没有好处，我无法应付"改为相信"有时不确定的情况会变好，如果不能变好，我也可以应对"。

要在日记中记下你的一些行为实验，写清楚自己对不确定性的看法，你是如何测试不确定性的，以及实验结果，这样做很有用。如下表所示：

原来的看法	测试	结果
你想测试对不确定性的什么样的看法？ 你现在相信的程度？ （0~100%）	你能做什么来测试你的想法？	发生了什么？ 你现在相信的程度？ （0~100%）
如果我不确定伴侣在哪里，我会无法专心工作。 相信程度：90%	两个小时不联系伴侣。 措施：专注于干项目。	我两个小时没和伴侣联系。尤其是过了一个小时后，我感到非常紧张和担忧，但我还是设法干了一些有关项目的工作。 可以在一定程度上专心工作。 相信程度：80%
如果我打电话给久未联系的朋友，她会很生气，肯定不会理我。 相信程度：70%	给朋友打电话。	她接到我的电话很高兴，我们聊了很长时间。 相信程度：10%
如果我在儿子的训练课前不给他准备好运动包，教练会生气，儿子会错过训练。 相信程度：85%	让儿子自己打包。	儿子确实忘了带午餐和袜子。他告诉教练后教练给他找了一双备用袜子。他的朋友们和他分享了他们的午餐。 相信程度：65%

学习如何管理担忧心理

人的幸福是动态变化的，需要每天维护。请记住，你自己才是你幸福的管家。有些要素在个人可控范围内，有些则不可控。因此，重要的是关注可控要素。

除了要多接触这些小剂量的不确定性之外，多反思担忧的模式也很有帮助。问问你自己:"我今天在担忧上花了多少时间?"心理学家经常使用 100 分量表来了解担忧的频率和程度。这个量表会令人大开眼界,你可能之前并不知道自己有多担忧。它也是跟踪一个人的担忧随着时间的推移而发生变化的有用方法。这是又一个可以记日记的点:

1. 想想刚刚过去的 24 小时,先选择一个最符合自己担忧程度的词:完全没有(0),极少(1~20),有一些(21~40),中等(41~60),非常(61~80)和极度(81~100)。这些是从"完全没有"到"极度"担忧之间的有用参照点。
2. 接下来,在该参照点范围内选择相应的数字。比如,你在第一步选择了"中等",在这一步你可能会给自己打 56 分;如果你刚才选择"非常"担忧,就可以在 61(略高于平均水平)到 80(几乎到了"极度")这个范围内任选一个数字。
3. 再想想你担忧什么,问问自己:"有没有可能解决我当前担忧的方法?"

当然,有些问题好解决。比如你与伴侣发生了矛盾,那么抽空一起谈谈可能会有所帮助。但如果你担心家庭成员生重病了,这个问题则不是你能解决的。

如果主要的担忧可以通过解决问题缓解，就要确定关键要素并找出需要做的事来解决问题。尽量不要陷入不相关的细节中，这通常不能解决问题，也毫无益处。我们经常需要在信息不全的情况下解决问题，所以学会在带有一定程度不确定性的前提下做决定很重要。你需要在收集过多信息和完全避开问题之间找到一个好的折中方案。

对于因为无法解决问题而导致的担忧，就要直面它。一种令人惊讶但非常有效的方法是尽可能生动地描述自己的担忧并录音。听四五遍录音，让自己参与其中并认真考虑自己的担忧。听录音时，不要抑制担忧，要接受它。一开始这可能会令人不安，但不断的接触会逐渐让人不再那么害怕担忧。

你认为担忧会管用吗？相信担忧本身有用的观点并不罕见。我辅导的一家制造公司的首席执行官认为，担忧员工是否会简化程序对工厂的安全文化至关重要。这成了他真正的负担，他一直在想员工在做什么，并且一天多次询问他们的安全程序。不出所料，这让他的团队感到不安，因为他的反复检查意味着他不信任他们。我让他试着前几天只担心一名员工，接下来的几天担心另一名员工，然后评估两名员工的前后表现是否有任何差异。他逐渐意识到他的担忧除了让他自己紧张外没有别的好处。他开始对不确定性不那么担忧了。通过与他的每个员工每周只开一次讨论安全程序的会议，他找到了一种更实用的应对策略。

正如我们所见,担忧作为日常策略一般不管用。许多人在危机出现前非常善于管理自己的担忧,而一旦危机出现就开始担忧,然后"灾难性思维"开始占据中心位置。

应对危机

能够在不可预知、不确定的世界里好好掌控自己,可以算是表现最佳。有时人会遇到意想不到的危机:被诊断患上严重疾病,亲人去世,或失业。在危急时刻,你会设法掌控一切吗?

算了,恐怕我得告诉你:你不能。下面的诀窍能帮助你承受压力。

当人面临危机或极端不确定时,你的威胁检测系统会处于高度戒备状态,通过一系列操作帮你度过危机。遇到危机时,你可能会心跳很快,可能会感到头晕目眩、呼吸急促。深呼吸能让人平静下来,只需要花上片刻做几次深呼吸——记住呼气的时间要比吸气的时间长。除非有明显的解决途径,或者必须马上采取行动,否则这时候不需要做别的事情。

一旦你从震惊中缓和平静下来,就要梳理一下自己的想法。你是遇到灾难了吗?这种情况可以短期内化解吗?还是比如被诊断得了重病,有可能持续较长时间?

试着退后一步，不管自己的感受和想法如何，客观看待这件事，这种方法被称为"去中心化"。虽然这并不容易，但这是一种非常有用的技术。去中心化会改变你看问题的视角，要求你采取非判断性的观点来看待目前的情况和自己的反应。实现这一目标的方法是采用"NOSE 技术"，它是一种让人镇定下来的特别有用的工具。你可以天天做这样的练习，让自己平静下来，也可以在不愉快的情况下做——你不必等到危机出现再做。

- N 表示**注意**（Notice）。要注意身体的变化。
- O 表示**观察**（Observe）。要观察自己的想法和身处的情境。
- S 表示**脱离**（Step back）。要脱离自身的想法。
- E 表示**体验**（Experience）。换个角度体验目前的情境，即去中心化。

意料之中 vs 意料之外

已经从国际橄榄球界退役的威·格林伍德是 2003 年橄榄球世界杯冠军英格兰队的一员。我们在一个关于"适应性"的研讨会上相识，他展示了英格兰队是如何训练队员要习惯"错位的期望"。他们从皇家海军陆战队引入了这个训练理念，即"想什么不来什么"。这是一个众所周知的军事技巧，要等到漫长而艰苦的新兵训练结束后，新兵们等着爬上卡车带他们去吃点东西、洗个热水澡时开始训练——就在新兵们开始放松时，他们被告知还有八千米的路程要走。橄榄球队对此进行了改编，用作他们自己的培训课程，目的是为各种意外情况做好准备，比如对手在最后一分钟得分了，他们队最好的两名球员受伤了，在开场几分钟就比分落后了。训练的整体思路是不仅仅要对这些特定情况有所预期，更要嵌入以下原则：事情永远不会如你所愿。

美国游泳运动员迈克尔·菲尔普斯的教练鲍勃·鲍曼也是这项技术的忠实信徒。他偶尔会在训练或小型比赛前一分钟打破菲尔普斯的游泳镜，让他不得不在看不见的情况下游泳。在2008年奥运会上，200米蝶泳比赛一开始，菲尔普斯的游泳镜就松了，里面灌满了水。在游泳比赛的大部分时间里他都看不清楚，最后50米根本什么也看不见——这并没有阻止他获胜并打破又一项世界纪录。由于鲍曼非传统的执教技巧，菲尔普斯已经做好应对这种情况的心理准备：他已经计算出要游多少下就要在游泳池的尽头转身往回游，根本不会受到损坏的游泳镜带来的不利影响。

本章小结

- 我们对不确定性的容忍度各不相同,但可以通过训练改变我们的容忍度。
- 不确定性也会诱使我们快速做出决定并坚持熟悉的习惯。
- 从容应对负面情绪和想法有助于应对不确定性。
- 让自己在现实生活中多接触小剂量的不确定性非常有助于培养容忍度。

第3章
自然界中的灵活性

20世纪60年代，生物学家对神经系统很感兴趣，寻找可以揭示神经系统秘密的完美生物。神经系统由大脑和脊髓构成，有能接收外界信息并指导动物行动的复杂的神经纤维束。生物学家认为，了解神经系统，可以更深入地了解是什么指挥着动物（包括人类）的行为。人脑太复杂了，生物学家需要找到一种小动物，这种小动物需要具有简单、容易研究的神经系统。

他们终于找到了——秀丽隐杆线虫闪亮登场。1963年，生物学家西德尼·布伦纳在剑桥大学的英国医学研究理事会分子生物学实验室开始了他著名的"蠕虫项目"。从那时起这种蠕虫成为地球上最适合此项研究的生物。截至目前，这种蠕虫仍然是世界各地实验室的研究对象，也是我们理解大脑运行机制的基础。

即使是非常简单的大脑活动，也具备灵活性

布伦纳和他的团队发现了许多关于秀丽隐杆线虫大脑的有趣事实，包括这些简单的蠕虫也具有灵活思维这一点。秀丽隐杆线虫总共有 302 个脑细胞（神经元），它们之间总共有大约 8 000 个连接（突触）。这个简单的神经系统会在备受约束的情况下引发一些不那么灵活的行为，这意味着蠕虫采取的任何行动通常与特定条件相关。例如，感觉"冷"与"走开"的动作紧密相关，土壤中的氧气含量会触发非常特殊的"逃跑"反应。

还有一个意外发现。最近的研究表明，尽管有上面提到的行动关联，蠕虫的反应仍然非常灵活。当察觉到有威胁时，蠕虫会启动自动逃逸程序，并且逃逸的形式花样繁多。科学家们意识到，蠕虫有少量的神经元（被称为"指挥中间神经元"）始终处于活跃状态，并且可能以看似随机的方式自发转弯或掉头。蠕虫的行为方式出人意料，例如，即使没有外部信号或触发因素，蠕虫也会向左或向右转。这种自发性行为允许蠕虫从经验中学习。例如，蠕虫在向左转后可能会发现意想不到的食物。总之，即使是简单的秀丽隐杆线虫的神经系统，也天生具有灵活性。

自然界中的灵活性

从单细胞到最复杂的生物系统，敏捷性和灵活性必不可少。例如，几乎所有的鱼类都可以在胚胎阶段改变性别，这对它们的物种有利。若是化学污染或是水温骤变导致它们的数量减少，雄性胚胎便会变为雌性，以确保物种存续。也有雌性变成雄性的情况。以鲷鱼为例，这种鱼生活在北大西洋的寒冷水域。因为雄性鱼较大，通常容易被拖网渔船打捞走，有些雌鱼会改变性别以保持鱼群的性别平衡。同样地，当一群礁鱼失去它们唯一的雄性鱼时，最大的雌性鱼会在几小时内显化成雄性鱼，并在十天内产生精子。这一了不起的举动是通过荷尔蒙变化而使雌性器官转变为雄性器官实现的。这种转换性别的适应能力解释了为什么鱼有那么多不同的种类——大约有 33 000 种，而哺乳动物只有 6 000 种。

哺乳动物也具备许多天生的适应能力，使它们的个体和团体能够快速应对威胁。这些变化可能需要经历几代才能稳固下来，不同的物种应对常见威胁的方式也不相同。例如，因为冬天极度寒冷和缺乏食物，一些物种会迁徙到食物更多的气候温暖地区，而有的物种可能会在寒冷的季节冬眠：它们体温下降，所以不需要吃东西，不用冒险顶着严寒出去觅食。尽管解决同一问题的方法完全不同，但两种方法都非常有效。

细菌属于更基本的层面。它们从其他细胞（包括其他细菌）或者从漂浮在环境中的DNA分子中窃取基因。这种"水平基因转移"方式允许细菌"获得"新技术和新习惯，帮助它们出色应对不同环境。正是这种适应性帮助细菌对抗生素产生很强的耐药性。病毒也同样拥有很强的适应能力，它们能迅速变异并试图侵入新宿主。我们通过冠状病毒看到了这一点。在人接种疫苗后，病毒会不断自我变异。尽管我们不喜欢这样的结果，但这就是生物进化，是病毒的灵活性在起作用。

　　幸运的是，我们的免疫系统也有多种选择来反击病毒。1972年诺贝尔奖得主、美国生物学家杰拉尔德·埃德尔曼发现，人体免疫系统通过产生数以百万计的抗体来工作，每一种抗体的形状略有不同，有一些抗体可能拥有特定的化学受体，使它们与入侵者匹配并且能够阻断入侵者。这使得免疫系统具有显著的适应性。通过对每一种可能的情况进行防御，免疫系统准备好了击退几乎所有类型的攻击。

　　我们不断发现，许多基因、免疫系统细胞和彼此完全不同的生物结构通常可以通过不同的方式发挥同样的功能。即便在结构上完全不同，却会做出同样的事情，这种生物系统行为在生物学上被称为"简并"。这是因为生物系统灵活敏捷、应变能力强。一个很好的例子就是，身体中几种完全不同的进程可以迅速将食物转化为能量。这意味着新陈代谢（将食物转化为能量）进程非常稳健，所以即使一种进程不能发挥作用——例如由于疾病不能发挥作用——另一种进程会接管这个工作，使整个系统继续正常运行。

灵活性对人类大脑的运行方式也很重要

人类神经系统还有一个典型特征——多样性。相比秀丽隐杆线虫大脑中的302个神经元和8 000个突触，人脑估计包含860亿个神经元和1 000亿个突触，这意味着人脑更灵活。但这种灵活性是有代价的。虽然我们的大脑只占身体重量的2%左右，却消耗了25%的能量。人脑非常复杂，所以我们能同时管理多个任务目标。

人脑之所以能指挥身体，是因为信息在大脑与身体间互相传递，并在大脑内通过复杂的神经元连接模式互相传递。神经元就像波一样在大脑中活动。没有形状、大小完全相同的两个神经元，每一个神经元都接收来自其他神经元的信息，这些信息数以千计。这表明脑组织中一小块区域就存在数十亿个连接或是突触。这些错综复杂的连接模式令人惊讶，对我们每个人来说不仅独一无二，而且不会固定不变，可以随时变化。这种复杂性表明这些连接几乎不可能被预先编程——大脑必须灵活才可以对不断变化的环境做出快速反应。

这种工作方式简单直接。当人学习新东西时，某些神经连接便会加强，这被称为赫布定律——用来纪念加拿大心理学家唐纳德·奥尔丁·赫布，他发现"同一时间被激发的神经元连在一起"。

换句话说，当特定的神经元同时被激活时，它们之间的联系加强了，它们如同连接在一起的电路，作为一个整体做出反应。但它们并没有真正连接在一起，只是因为各自的角色和同时被激活的缘故而联合在一起。如果这些电路不经常使用，它们之间的联合强度会逐渐减弱，"电路"也会逐渐消失。

这些神经连接回路对不断变化的环境做出反应，这样一来大脑就会做出反应，灵活应对几乎任何场景。更复杂的是，许多不同的神经连接模式可以导致相同的结果——这是简并的又一个例子。例如，我们要学习说出一个新单词，当我们学习如何在正确语境下发音时，我们脑中的想法与激活舌头、嘴巴和声带的特定肌肉运动相连接的神经元会不断强化。反之，如果我们刚刚去看牙医并打了麻药，激活舌头肌肉常用的神经元可能不再正常发挥作用，另一个回路则迅速开始行动，控制不太一样的肌肉群来执行相同的功能。这就解释了为什么人在麻药影响消失前，说话可能会有点奇怪。这样的事情常常发生。如果一个神经回路受到破坏或干扰，另一个神经回路可以迅速替代它。

关于肠的重要性的新发现

除了大脑内部的交流，我们的大脑和身体之间的连接，尤其是脑肠连接，对我们的思想和行为的作用比我们之前意识到的更大。

大脑的第一要务是保持身体状态的平衡，通过协调外部世界的所有信息、控制自身行为方式和调整内部生理机能系统得以实现。这种三向交换——肠-脑-环境轴——确保我们有足够的代谢资源生存下来并好好生活，这是大脑真正关心的问题。这反映了应对力的生物学运作原理。保持警惕，适应环境的变化，了解我们的内部状态并保持灵活，是我们的身体和大脑密切合作的首要任务。

神经科学家莉莎·费德曼·巴瑞特将其比喻为人的身体和大脑不断跟踪的内部"身体预算"。人的身体资源有限，因此，无论何时，当大脑准备参与一项活动时，无论是思考、搬家还是给朋友打电话，都会合计一下这是否值得"投资"，"银行"是否有足够的"资金"来支持某项支出？比如说，如果你缺乏某种特定的营养素，大脑可能会抑制其他代谢过程和行动并优先考虑找到那种营养素。

这种不断的预算和预判意味着大脑不断预测该如何采取最佳行动方案。这一点我们在前面的章节已经提到。有时候，你可能不得不停下工作去吃点东西，睡一觉，锻炼一下，或可能需要寻找特定的食物，大脑就是要对周围环境保持敏捷和警觉。大脑不断预测接下来可能发生的事情，然后对要发生的事情迅速做出反应。如果事情如预期的那样发生，大脑的预测会继续进行。如果结果与预期不符，就会中断预测，产生一个预测错误的信号并反馈给大脑，这种信号会存储在大脑网络中供以后参考使用。这个系统影响深远。人不是被动观察现实的，人对世界的体验是在大脑中构建出来的。

大脑做出了最好的预测，然后根据传回的信息反复核对预测是否正确。

想想网球运动员罗杰·费德勒等着接球的画面。像诺瓦克·德约科维奇这样的顶级专业人士发球时速度通常会超过每小时 200 千米。费德勒只有不到半秒的时间做出回应，这么短的时间里他根本不能跑到该去的位置并准备好击球。但是，费德勒的大脑会对球可能出现的位置做出无意识的预判，在德约科维奇击球之前计划好必要的动作，如果和预测的情况不一样，他会迅速调整。对网球运动员的眼球追踪研究表明，普通运动员会在对手发球时盯着球看，而高手球员则会在球被击中前，盯着对手的手臂、臀部和整体肢体动作来预判球的位置。我们大脑的运行机制是提前预测而不是事后反应。日常生活和网球场上打球的原理如出一辙。

大脑预测机制告诉我们，对于学习来说，失败和挫折与成功一样重要，甚至比成功更重要。

本章小结

- 灵活性植根于我们的大脑。即使是只有302个脑细胞的小小蠕虫也会灵活调整,可以从经验中学习。
- 灵活性对于生存至关重要,在整个自然界普遍存在,从鱼的变性、哺乳动物的免疫系统到细菌、病毒的存活都有灵活性在起作用。
- 应对力的主要组成部分——警惕周围环境、了解内部状态和灵活调整——与我们的大脑和身体的运作方式息息相关。
- 灵活性对于人类大脑的预测机制至关重要。

第 4 章
灵活性与心理弹性

我们总是不难发现那些在生活中无论碰到什么事情都能应对自如的人。是什么让这些人拥有与众不同的心理弹性？这只是他们个性的一部分，还是他们的基因里有预编程序？这些问题目前还没有明确的答案。心理弹性是近几年的热词，是科学研究最关注的领域之一，也存在很大的争议，甚至连心理弹性的含义也没有确切的定论。实际上，最近我们能够明显看出，这很可能是因为研究人员找错了方向，问的问题不对。

什么是心理弹性？

有心理弹性意味着比预期做得好

在过去几十年里，我们理解心理弹性的方式发生了很大变化。人们皆一度认为有心理弹性的人是指不受压力影响的人，他们总是昂扬向上、积极乐观，遇到逆境也能"反弹"，恢复正常。当然没有这样的人。压力在某种程度上影响着我们每个人。我们现在知道，心理弹性是一个持续的、动态的过程，可以帮助我们适应生活的变化和重压。有时我们做得很好，有时却不尽如人意。有心理弹性的人是在经历风雨挫折后做得"好于预期"的人。人在经受创伤后，可能会在焦虑和沮丧中苦苦挣扎。那些度过这段痛苦经历之后心理状态"好于预期"的人，就是具备心理弹性的人。

我们的心理弹性比想象的要强大

观察一下人在遭受重大创伤后会发生什么，就会发现有各种各样的途径来恢复心理弹性。我们往往意识不到，人天生就具备很好的心理弹性。种种研究表明，我们中的大多数人，实际上有三分之二的人，会依靠心理弹性度过重大创伤。即使面对改变生活的重大事件，例如地震、亲人死亡、恐怖袭击、失去一切、沦为难民，大部分人也能适应良好，并且能够基本恢复正常生活。

心理弹性不只存在大脑中

心理弹性与我们的所作所为有关，也与我们的思维方式和感受方式有关。与其寻找增强心理弹性的灵丹妙药，倒不如从整体的角度来看待心理弹性。实际上有多种"保护"因素能够增强人的心理弹性，这些因素就是影响心理弹性的一些实际做法。更为重要的是，这些影响是可改进的。越来越多的证据证明，人际关系和社会支持至关重要。在困难的情况下能够通过各种努力解决困难并得到自己需要的东西就是有心理弹性的标志。以下几种做法都会增强心理弹性：在出现问题后寻求帮助而不是自我封闭；减少饮酒和药物滥用；选择健康的行为方式，如更合理的饮食和锻炼；抵制过度焦虑和陷入苦思这样的不良习惯。外部资源的可利用性——如我们是否有幸享受基本公共服务——当然也很关键。

心理弹性研究领域的领军人物迈克·安戈尔用灰姑娘的例子做出了阐释。"我们误解了这个故事，大家都认为灰姑娘的蜕变是因为她内心善良，因为她美丽、乐观，因为她有毅力"，虽然这些很重要，但他提出，"真正重要的东西是她的仙女教母。想想看，是仙女教母为她提供了参加舞会所需的东西。没有漂亮的衣服，没有马车送她去那里，她永远不会见到她的白马王子"。

如果你的房子被淹了，有用的是能助你重建房屋的好保险；要从重病中康复，你需要的是获得良好的医疗资源和恢复时间；如果你被剥夺财产并成为难民，那么周围的一揽子经济和社会支持可能会最管用。有关移居他国的难民心理弹性的几项研究表明，具备心理弹性的一个重要标志是家中至少有一个会说东道国语言的孩子，能够在陌生国家与人交流可以拥有更多的机会得到想要的东西。我们可能并不需要相同的物资，但能为家人争取这类资源有重要意义。

心理弹性因人而异

这些"保护"因素不一定在我们的可控范围内，也会因情况不同而有所差异。以老师对年幼孩子的影响为例。大量研究告诉我们，遇到鼓励型和支持型的老师往往是孩子一生的重要转折点——可以将他们通往灾难的道路转变为通往成功之路。但其他研究发现，对许多学生来说，好老师对孩子的心理弹性影响并不大。这是怎么回事？答案非常简单。如果孩子来自支持度高、能为他们提供安全基础和许多鼓励的家庭，那么学校或支持型老师的影响就相对较小。反过来，如果孩子来自非常困难的家庭，几乎没有支持和鼓励，那么支持型老师的影响可以说非常巨大。所以某些因素——在这个例子中是支持型老师——本身没有"保护性"，孩子受到的保护程度既取决于孩子所处的环境也取决于老师的行为。

这意味着在个体身上不可能全面了解心理弹性，因为心理弹性会因情境不同而差异巨大。个人能力和习惯对于心理弹性的作用大小，完全取决于待解决的危机性质。因为火灾而失去房屋和财产的人，和那些苦苦挣扎试图拯救生意的人，所需要的支持是不一样的。再比如，定期去健身房锻炼并保持身体活力是提高心理弹性的好方法，但如果患了重病正处于恢复期，强迫自己锻炼可能会适得其反。有关心理弹性的最新观点没有给出明确答案，它告诉我们，面对逆境时，每个人需要在困难中找到自己的独特道路。

灵活性对于心理弹性至关重要

因为心理弹性不是一种内在特质,而是一个多面的动态过程,针对不同的情况需要不同的解决方案。大脑帮助我们解决困难,寻找我们需要的资源,所以思维灵活特别重要。有些资源是内部资源,有些是外部资源。比如,老板对你有敌意,骚扰和欺负你,最佳策略不是每天早上花一个小时冥想来帮助自己减轻压力,而找个新老板或想办法脱离那个地方才会让你好起来。不过,如果要应对长期化疗的压力,那么冥想可能正是需要的。

我实验室的研究小组探索了心理弹性对青少年期焦虑和抑郁的作用。我们首先清楚地了解了研究对象的经历,然后将他们的表现与我们的预期相对比。诸如双亲去世、家庭暴力、父母离婚等重大事件,或是像乔迁这样的喜事,都是我们判定的重要因素。研究发现,富裕家庭的孩子可以获得更多的资源,无疑为增强心理弹性提供了有利条件,生为男性或自尊心强也同样对心理弹性产生积极作用。其中原因很复杂,尤其是心理弹性与性别的关联度更是复杂。在企业环境下的研究中发现,女性在自尊和谈判能力方面与男性同行水平相当。但另有证据表明,一些相关的特质——例如争取自己所需的东西——在男性拥有时会受到赞誉,但女性拥有时却不受欢迎。

怎样才能拥有强大的心理弹性？

应对问题时，我们要么专注于解决问题，要么专注于自身感受。我们关于性别和心理弹性的研究结果也反映了女性通常比男性更容易焦虑、抑郁。我们真的不清楚为什么会这样，但有一条线索：可能是因为男性和女性应对压力的方式不同。面对压力，男性通常会尝试解决问题，而女性更有可能沉浸其中，无法摆脱。这些应对策略要么旨在消除问题（"问题导向型"），要么以某种方式与压力的根源共处（"情绪导向型"）。针对这两种方式的成本和收益，有很多研究。

情绪导向型的应对方式与尝试压力管理的方式有关，比如祈求给予指导和力量，分散自己的注意力，与朋友谈论问题，吃东西，服用药物或饮酒，或试图以减少情绪影响的方式考虑遇到的问题。当导致压力的原因几乎无法控制时，其中一些应对方法有用。但是，如果有可能控制问题的成因，问题导向型的策略通常是更有效的解决方案，这样的策略包括评估不同解决方案的优缺点并尝试直接面对压力等。想象一个场景：你在工作上有升职机会，但很明显你受到歧视或被无视了。如果选择情绪导向型的方法，你可能会向不在同一单位的朋友倾诉，试着冥想、自我放松，或者不去想它。所有这些方法可能会让你感觉好一些，但治标不治本。而问题导向型的方法则包括与上级领导沟通，通过工会发起抗议活动，或者干脆另谋高就。

自己的方法是否灵活？

正如我们在第 2 章中看到的，遇到棘手问题时，重要的是退后一步考虑一下问题是否真的可控。只有这样，才能选定最佳策略。问题要直接处理吗，还是必须得忍受？如果你需要拔掉智齿，你就得拔掉。有些人不够灵活，他们高估自己的能力，拼命尝试搞定每一个压力事件，有些人则认为所有导致压力的问题都是不可控的。那些比较灵活的人则会判断哪些情况可控，哪些情况不可控。越来越多的研究告诉我们，采取灵活的应对方法可以让人更加幸福健康。想想自己属于哪种人。你一般会将最有压力的事件视为可控还是不可控事件？你能不能采用更灵活的方法？

当我在学校活动中与年轻人交谈时，会反复提及灵活性这个话题。当讲到如何应对困难和挑战时，善于应对的年轻人通常会讲述他们如何经常尝试各种可能的解决方案。那些找到各种不同的方案来处理困难的年轻人，那些能灵活运用这些不同方案的年轻人，最有可能走出他们面临的逆境。事实上，我们从讨论中得出了一个有趣的结论：逆境有时是好事。这印证了那句古老的谚语"愈挫愈勇"。那些不得不处理许多问题的孩子往往会找到一系列灵活的有效应对方法，这又增强了他们的心理弹性。我们团队关于大脑的研究也证实了这一点。这些研究告诉我们：人的心理弹性越大，思维方式就越灵活。

在物资极度匮乏的情况下长大当然会给儿童成长、整体健康以及学习和发展能力等方面带来严重的影响。出于这个原因，社会科学家和政策制定者经常更关注"缺失模型"。这意味着他们只关注家境贫寒孩子的问题，而不关注他们的优点。"缺失模型"漏掉了这些孩子如何学习适应他们所处的环境这类有意思的信息。生活条件差的孩子往往会微调他们的心理过程，以尽他们的最大努力应对挑战。

苦难和困难可以增强人的心理弹性

在我的一项研究中，我遇到了一个名叫安迪的男孩，他十几岁，父母都吸毒，妈妈经常有暴力行为，所以从大约八岁开始，安迪经常被安排由他人照顾。安迪告诉我："当我注意到她有开始转变的迹象时，就该离开她了。""什么样的迹象？"我问他。"她的声音会改变，"他解释道，"她会狠狠地盯着我看。"安迪已经总结出，在那一刻，他应该躲开。他成了观察大师，能留意到最细微的变化。他知道，只要自己不碍妈妈的事，就是安全的，但如果她在那种心情的时候他还在厨房里晃悠，就会有麻烦。

对像安迪这样和暴力父母住在一起的孩子来说，能够注意到最轻微的愤怒至关重要。安迪变得对威胁高度警惕，在不适宜的情况下可能会造成问题，但他心理弹性好，能够很好地应对困难。他擅长社交，帮助许多同龄人解决了问题，这绝非巧合。他的老师们也说他慢慢变成了孩子王，这在意料之中。安迪学会了微调自己的行为方式以适应眼前形势的特定需要。

这种将我们的行动和思想与眼前情况相匹配的能力对于培养心理弹性至关重要。但在以后的生活中，若是安迪在新家庭里继续保持当下必备的高度警惕性，我们几乎可以断定，他会过得不幸福。这是因为这种灵活性既可以帮助人在各种不同的情境中改变方法并调整适应，也可以预测谁的生活幸福，谁得在各种生活挑战中苦苦挣扎。

众所周知，灵活性能让我们的心理更有弹性。我们无法避免困难和挑战，所以说，我们应对困难和挑战的方法越多，在必要时改变策略的方法越灵活，我们的心理弹性就会越强大。

灵活是心理弹性的核心

我们越是尝试用各种解决方案来解决不同的生活问题，我们就越能深刻了解在特定情境下可能的有效策略。跟随这本书你会看到，当我们处于舒适状态时，抵制住一贯做法的诱惑是灵活应对的关键。如果能保持行为和感觉灵敏，你就会培养出灵活的大脑。无论生活给你带来什么，你都能够适应并将自己的能力发挥得淋漓尽致。

接下来再举一个例子。20世纪80年代初，贾森·艾弗曼用非法鞭炮炸毁了他初中学校的厕所。他被停课几周，并被送往精神科医生处接受咨询。贾森在心理咨询期间拒绝说话，但碰巧心理医生是个吉他迷，开始弹一些音调并教了贾森几个和弦。贾森一家开玩笑说这是有史以来最昂贵的吉他课。心理医生希望通过弹吉他让贾森打开心扉，却没有奏效。但是吉他确实从此改变了贾森的生活。几年后，儿时的一个伙伴邀请他加入一个新成立的乐队，该乐队当时正在寻找贝斯手，他们给乐队取名涅槃乐队。在乐队取得重大突破前几个月仍然深受情绪低落之苦的贾森被解雇了。

不过，贾森很快就适应了。不久之后，他受邀加入另一个乐队——声音花园。在当时，这个乐队比涅槃乐队还要大。他一直想加入这个乐队，所以喜出望外。第二年是令人兴奋的一年，他们在欧洲和美国巡回演出，提高演出水平，筹备新专辑，贾森用他最后的积蓄为新专辑提供资金帮助。当乐队回家后，就在贾森即将成为明星时，他再次被踢出乐队。之后第二年，由贾森资助的声音花园乐队新专辑获得了双白金奖。当然，涅槃乐队也成了这个星球上最知名的摇滚乐队之一。多年后，在接受《纽约时报》采访时，贾森承认这是一次毁灭性的打击，他花了几个月才恢复过来。

他搬到纽约，加入了另一个乐队——心灵放克，但他很快意识到不想成为那样的人——一直不停地换乐队，最多换到第15个乐队。他常常回忆在涅槃乐队和声音花园乐队的光辉岁月。"我一直待在很酷的乐队里，"他说，"但能做最不酷的事情让我很兴奋。"

取掉鼻环，剪掉长发，26岁的贾森参军了。从此以后，他表现出色，在阿富汗和伊拉克战争中服役于美国特种部队，并因勇敢作战而获得许多奖章。"贾森的低落情绪一直都在，"一位战友告诉《纽约时报》，"只是它们没有太大关系了：它们没有干扰贾森的工作。"退役后，贾森上了大学并在45岁获得了哥伦比亚大学哲学学士学位，随后从诺威治大学获得军事史学位。他现在正在学习航行技术，打算一人环球航行，因为环球航行"最能体现人与自然的冲突"。他打算"一直接触世界，接触生活"，因为"变老本身就是一种冒险"。

压力和紧张可以放大熟悉的魅力。正如我们在本书第2章看到的，当我们感到不确定，或者只是害怕的时候，我们会很自然地回到之前干过的事情上，而不是保持开放的心态。贾森本可以留在乐队演奏，这对他来说很熟悉，他也很擅长，但是他也意识到这对他不好。于是，他往前迈出一步，转向一种全新的生活方式。因为灵活，他有所改变，不再坚持熟悉的生活。

我们需要应对力来提升心理弹性

这种将生活视为冒险的观点，保持开放的心态，保持灵活尝试不同事物的做法是应对力和心理弹性的最佳体现。我们的祖先能应对各种情况，是因为他们有适应各种环境的能力。同样，有心理弹性的人能够灵活运用多种策略，所以他们能够适应生活给予他们的一切。

  我们都能提升自己的心理弹性。下面的章节将要提到应对力的四大基石，打牢这四个基础，我们就可以做到这一点。灵活意味着我们需要利用最适合某种情境的任何特质、能力或资源。培养心理弹性，需要我们保持开放心态，在评估形势时拥有清晰的侧重点，从此做出最佳行动方案。对应对力原理掌握得越好，我们就越可能拥有强大的心理弹性。

本章小结

- 心理弹性并不是指不受变化和逆境的影响,而是相对于所经历的一切,做得"好于预期"。
- 心理弹性不是灵丹妙药,它是动态的,并且受很多因素的影响。这是它与灵活性密切相关的原因。
- 心理弹性与我们的所作所为有关,也与我们的思维方式和感受方式有关。
- 克服挑战,多经历逆境有助于提升心理弹性。
- 能敏捷或灵活应对各种压力是培养心理弹性的关键。

应对力的第一基石

思维灵活

第 5 章
思维灵活的好处

那是个阳光明媚的早晨,帕迪·隆德却处在精神崩溃的边缘。

表面来看,帕迪过得很好。他在澳大利亚布里斯班的繁华近郊开了一家牙科诊所,病人很多,也很赚钱。但他已经不满足于从事热爱的牙科工作,而是痴迷于建立一个商业帝国。结果他的压力越来越大,人际关系也不断恶化。他非常不开心,生活也没了乐趣。

帕迪意识到,他必须大刀阔斧地改变目前的情况。他事业有成已有十年了。他自问真正喜欢的到底是什么,怎样尽量将自己喜欢的事情和工作相结合。他意识到一个问题,他只喜欢一小部分病人——他觉得大多数病人都很难相处。因此他决定缩小规模,只给他喜欢的病人看牙,这意味着他要砍掉将近80%的客户。他从电话黄页中删除了诊所的电话,关闭了诊所网站,摘掉了诊所大楼里所有的指示牌,并请求剩下的病人把他推荐给朋友。他认为自己和喜欢的人的朋友相处融洽的可能性更大。帕迪随后将诊所大楼的一半改造成咖啡馆,目的是开展以幸福为中心的牙科业务。几年之后，他每周仅工作约 22 小时，收入却增加了一倍多。工作量的减少意味着他有更多的时间与家人和朋友相处，并且有时间培养新的业余爱好。最重要的是，帕迪现在很开心。

什么是思维灵活？

我们每个人都会在生活的不同阶段面临不同程度的压力。诗人亨利·沃兹沃斯·朗费罗有这样的诗句："每个人一生都得逢上阴雨。"牙医帕迪·隆德找到了灵活应对生活压力的方式，并做出了重大改变。虽然有很多方法可以管理压力，但并不是所有方法都这么"出格"。因此，能采用与众不同的多种方法来管理压力和焦虑很重要。这是思维灵活——采取灵活的方法应对复杂的世界——的一部分。没有万能的方法。正如美国心理学家亚伯拉罕·马斯洛警告的那样："我想假如你所拥有的唯一工具是一把锤子，那你很可能会把每件东西都作为钉子来对待。"马斯洛的意思是，我们常常用最现成的工具来解决问题，而不是去寻找是否有更好的解决问题的方法。

心理过程也是如此。如果你用某种惯用的方式处理问题，这种方式可能在某些时候很有效，但在其他时候完全无效。我们发现，当人感到不知所措或不确定时，容易把问题放在内心和脑海中不停地循环——也就是担忧——觉得这种方法屡试不爽。在某些情况下,担忧会管用,但大多数情况下担忧只会让事情变得更糟。总有一天,你需要摆脱自己大脑的束缚,摆脱内心的喋喋不休,就像帕迪·隆德一样,灵活思考,跳出自我,找到解决方法。

如何知道自己的思维是否灵活?

几年前,我意识到现有的测量思维灵活性的方法不够好,因此我和实验室团队一起开发了一份新问卷,其中涉及思维灵活性的主要因素,并花了将近两年的时间让数百名志愿者回答这些问题。你可以填写下面的思维灵活性问卷,与我们测试过的数千名学生、商人和运动员比较一下。

思维灵活性问卷

请根据以下量表对你同意或不同意每个问题的程度进行评分。仔细思考每个问题并如实回答。

```
6 = 非常同意
5 = 同意
4 = 略微同意
3 = 略微不同意
2 = 不同意
1 = 非常不同意
```

1. 我对未来持乐观态度。
2. 我比我的朋友更愿意接受变化。
3. 我善于适应不同情境。
4. 我有时会做一些不寻常的事情。
5. 我有信心适应新情境。
6. 我知道事情总会发生变化——这就是生活。
7. 一旦我开始做一件事,我发现很容易在必要时停下来。
8. 当遇到困难时,我会尝试很多不同的方法来解决问题。
9. 我善于从一种想法快速切换到另一种想法。
10. 我善于应对突发事件。
11. 当事情发生变化时,我觉得很兴奋,不觉得有压力。
12. 有时我的思维方式与别人很不一样。
13. 我热衷于向他人学习。
14. 我擅长同时兼顾不同的想法。
15. 我觉得很容易平衡长期目标和短期任务。
16. 我知道,自己有时能干好,有时干不好。
17. 生活中的大多数事情都不是非黑即白的——事情要复杂得多。
18. 我非常善于注意人的情绪变化。
19. 我能够从错误中汲取教训。
20. 如果我看到别人的方法管用,我会改变自己的想法。

将得分相加，就会得到一个介于 20 和 120 之间的分数。简单地说，我们可以根据得分看看自己属于下面哪一类人：

* 20~60 分属于"思维不太灵活"或"不灵活"
* 61~79 分属于"思维灵活"的低分段
* 80~99 分属于"思维灵活"的高分段
* 100~120 分属于"思维很灵活"或"非常灵活"

你的得分是多少？无论结果如何，请记住，这不是一成不变的。你的思维现在可能相当不灵活，但在完成本书的练习后，你会发现自己的思维灵活性提高了。如果你的思维已经很灵活了，那很好，但不要自满——你还有改进的余地。

灵活思维模式的力量

多亏帕迪有灵活的思维方式，他才能够做出调整，从而改变了自己的生活。在绝望的深渊中，他敞开胸怀，按照自己的内心行事，这让他可以自由选择最佳生活方式。试想一下，有这样一种灵活的思维模式可以给你自己的生活带来什么影响。这便是我们要打牢的应对力第一基石——如何培养思维灵活性。

摆脱约束人的思维模式

灵活的大脑可以让人自由考虑其他可能性，摆脱老式的思维模式——有些心理学家称老式的思维模式为"自动的暴政"。"暴政"让我们很难摆脱自己惯用的做事方式。"我们一直这样做"这个口头禅并不是万能的借口。现状也许让人很舒服，但更重要的是要去质疑：我们过去的习惯和做事方式真的合适吗？

是坚持自我还是做出改变？

要做到思维灵活涉及方方面面的能力，但我们可以将它简单归结为一种选择：是坚持自我还是做出改变？由于改变就是某种程度上的自我消耗，因此我们只有在必要时才会选择。改变的本质是精力的损耗，它会让我们大伤脑筋，这也是我们容易因循守旧的一个原因。

想想你遇到困难、不幸，或是感到不安的时候，你可能已经在自问：现在是不是该做出改变了？但这并不是能轻易决定的。你不想因为某些事情看起来困难就轻易放弃。如果在需要努力或"毅力"的时候选择放弃，那么世上就不会有人赢得奥运奖牌，也不会有人成为行业翘楚。但有时候，只有坚持不懈的毅力并不能改善一个人的生活，坚持有时让人觉得像是在推一堵砖墙，成功的机会渺茫。撞上南墙却不回头不仅会让人痛苦，还让人错失良机。制订计划后就不放弃,为了达到目的不计后果,这绝对不是生活的真谛。

你是否能回想起自己曾经在什么时候固守不变?当时是否有迹象表明需要做出改变?又是什么阻碍了你做出改变?思考这些问题可以帮你判断自己是更容易在该做出改变时固守己见,还是更容易在不该放弃时就轻言放弃。坚持还是改变——这一基本选择不仅适用于人生中的大事,同样适用于日常生活中的每一件小事。

对于人生的不同目标和每个时刻而言,选择坚持还是改变对我们来说很重要。如果你在完成一项需要反复练习的任务,例如考前或者赛前训练,那你就需要坚持不懈;但如果你是在做一个步骤繁多的复杂项目,你就可能需要在这个任务包含的不同方面之间频繁切换。

如果世界可以保持一成不变,那光有毅力就足够了。但正如我们看到的那样,生活唯一可预测的就是它的不可预测性。人们并不总是按照你的预期行事,各种意外此起彼伏,新发明会让我们的技能再无用武之地。

大脑灵活才能让我们健康成长

最近的前沿科学表明,心理学研究人员所称的"心理弹性",以及我称之为的思维灵活性与幸福和成功直接相关。不管如何称呼它,测量它的方法有很多,一般采用问卷调查和访谈的形式,而我试图通过研究大脑以及如何利用大脑的运行机制来促进灵活行事的途径来测量。这项研究探索了我们的大脑如何在"坚持"和"改变"之间不停切换。我们将在下一章详细探讨这方面的内容。研究发现不同类型的偏差之间有密切的联系，我们从中可以得到一些启发。我们一起来看一项以青少年为对象的研究，让我来详细解释一下。

研究的第一步是测量青少年的三种不同类型的认知偏差，方法是直接评估他们是否将注意力转向令人不快或令人愉快的图像，他们实际记住的内容是什么，以及他们如何对我们提供的模糊场景做出阐释。这为我们提供了三个独立的偏差测量对象：一个是注意力系统，一个是记忆系统，还有一个是解释系统。举个例子，为了测量记忆中的偏差，我们向实验对象展示了不同的词，有些是令人不快的（如癌症、失败），有些是令人愉快的（如聚会、成功），然后要求他们尽可能多地回忆起这些词。那些容易焦虑和抑郁的人往往会选择性地记住让人不快的词，而那些乐天派往往不会表现出对负面词语的偏好。这个结果与以前的很多研究结论不谋而合：那些快乐成长的人往往不会记得发生在他们身上的负面的事情。

收集完这些数据后，我们研究了这些不同类型的偏差是如何相互关联的。我们发现了一个很有趣的现象：在那些饱受焦虑和抑郁之苦的青少年中，三个系统都偏好"威胁"和"消极"，并且三者更密切相关。例如，如果某个系统（比如创伤性记忆）的偏差被激活，它很快就会影响注意力偏差和解释偏差。可以把它想象成一个老式的电话交换台或网络，其中不同的分机（偏差）相互连接，如果你呼叫其中一个，所有分机都会响铃。这意味着，对于一些青少年来说，一旦其中任何一种负面偏差被激活，所有三种负面偏差都会被激活。这意味着他们的大脑最终会被触发，消极系统相互作用，会导致压力和焦虑升级。

而那些快乐成长的青少年的三个系统间的联系则完全不同，他们的三个系统偏差之间的联系要松散得多。这有点像网络断开连接后，其中特定的网络扩展（偏差）之间的连接也断开了。因此，如果记忆偏差被激活，并不一定会激活注意力偏差或解释偏差。这意味着，快乐成长的青少年在思考消极的事情时不太可能会跨越系统从而引发一系列消极结果和相关偏差。

我们仍然不完全清楚发生这种情况的原因。但显而易见的是，一个更宽松、更灵活的系统让人的思维更加开放，能够考虑更多可能性，包括将过去的失败经历考虑进去。这种宽松的联系意味着人不太可能故步自封，所以更有可能健康成长。好消息是，我们可以训练大脑，让大脑更灵活。

如何让大脑变灵活？

灵活性这种隐藏在大脑深处的特征最终体现了一种能力，即根据不断变化的需求及时转变思维、改变行为的能力。让大脑变灵活的一种方法是调整看待周围事件的方式。这里有一个简单的技巧，尝试关注一些让你烦恼或不安的事情，看看你是否能找到不同的原因来解释这些事情，而不是让大脑直接选择明摆着的负面解释。

比方说，你因为朋友很少联系你而感到沮丧——每次都是你主动联系她，你可能认为她并不想见你。但是否还有其他合理的解释呢？也许她一直忙于工作或家庭，所以没有时间主动联系你；也许她认为你很忙，不想打扰你，所以她一直等着你提出见面。当你发现自己的想法总是很消极时，试着去积极思考一些不会让你产生负面情绪的解释。

这样做的目的是不断挑战你惯用的解释。经常这样练习可以让大脑放松，变得更加灵活开放，让你考虑更多的可能性，这样可以帮你调整自己看待事物的方式，逐渐改变固有的思维定式，最终改变行事方式。

思维灵活性与个人成就

虽然让自己变得思维灵活需要付出很大的努力，但这能让你随机应变。提高思维灵活性的一个好处是，它能帮你更好地决定何时坚持，何时改变。这一点在体育运动中表现得最为明显，观察处于巅峰状态的优秀运动员我们就会发现，他们之所以可以快速调整动作，就是得益于他们的身体和思维的灵活。这种调节能力只有通过不断练习才能增强。

以北爱尔兰足球运动员乔治·贝斯特为例，他是公认的有史以来最具天赋的足球运动员之一，甚至可以与利昂内尔·梅西和迭戈·马拉多纳等超级巨星相比。观看他的比赛就像欣赏动态的诗。即使在坑坑洼洼的球场上，他也总能完成完美的弹跳；无论球向哪个方向旋转，最后总能回到贝斯特的脚上。贝斯特的动作流畅又优雅，仿佛在和球一起跳完美无瑕的舞蹈。这并不是因为他在弹跳上有着过人的天赋，而是因为他有智慧和能力去注意弹跳的角度，及时调整身体的弧度，确保自己总是处于恰当的位置。这可以说是思维和身体灵活性的完美统一。

我们可能无法达到乔治·贝斯特这类人在运动上的成就，但通过锻炼思维灵活性，我们可以提高自己在正确时刻做出正确决策的能力。而我们越能做到这一点，生活就会越美好。就像优秀的运动员可以让自己看起来很轻松一样，思维灵活的人可以让自己的生活看起来一帆风顺，没有任何问题。事实并非如此，他们只是看起来轻松，因为他们一直在不断地适应调整，这种调整是非常必要的。思维灵活不是为了改变而改变，而是在需要时及时去改变。

思维灵活不是为了改变而改变，而是根据情况而改变，记住这一点很重要。灵活意味着选取最优方案，是立刻改变还是坚持不放弃原先的方案。逗孩子开心、管理复杂项目、进行商业谈判或建立长期关系，所有这些都需要思维灵活。在学术生涯初期，我曾经在一个大报告厅里面对500多名学生，试图吸引所有人的注意力长达一个小时。我仍记得当年的恐惧。但我很快就意识到，减少恐惧的诀窍就是密切关注我的观众。特别是当我紧张的时候，我特别想要按照讲义讲下去，直到把我准备的材料都讲完，但我意识到如果我在一开始就失去了观众，继续讲下去也没有任何意义。当我把握住了这一点、不再那么焦虑时，我就频频看向观众，看看他们是否还在听我讲，是否能理解我讲的内容。有时，在引入一个复杂的概念之后，我会看到困惑或茫然的表情，然后我就要调整，用不同的方式去解释同一件事，尝试找到一个更好的类比，有时我可能需要解释好多次，然后再继续讲下面的内容。给学生回应并灵活处理至关重要，即使不能按计划讲完全部内容也在所不惜。

思维灵活有助于生意成功

玩具制造商乐高公司就是一个很好的例子。在20世纪90年代末和21世纪初时，乐高陷入了巨大的困境。虽然该公司色彩鲜艳的塑料积木深受全世界儿童的喜爱，其销量却在逐年下降。咨询顾问迅速赶往乐高公司总部所在地——偏远的丹麦比隆。他们建议，乐高公司必须创新，开发新系列玩具。在接下来的几年里，乐高推出了一个又一个创意玩具，但销量仍持续下滑，债务不断增加。虽然许多新玩具好玩又有创意，但它们并没有吸引到乐高的核心顾客：喜欢动手做东西的孩子们。

2004年，乐高任命了维格·纳斯托普担任公司的首席执行官。

纳斯托普意识到，乐高已经完全忘记了自己的核心产品：塑料积木。公司需要的是围绕积木进行创新。他想搞清楚公司能做些什么来鼓励更多的孩子去玩这些不起眼的积木。

通过仔细观察乐高的核心顾客，他发现：很显然，公司面对的是伴随科技成长的一代儿童。纳斯托普做了灵活变动，他没有开发全新玩具，而是着眼于数字技术，因为数字技术与基础款的乐高积木相辅相成。结果，乐高创造了一系列机器人，非常成功。这些机器人在现实世界中是用乐高积木搭建而成的，还可以通过应用程序的编程控制，向不同方向移动。这一创新将虚拟游戏和真实游戏结合在一起。孩子们现在既可以在虚拟的数字世界里建造乐高房子，又可以在现实世界中用传统的方式搭建积木房子。这种新的数字元素同时也吸引了成年人，从而使销售额持续上升。乐高的成功让它成了玩具界的苹果公司，每年在美国的销售额远远超过 10 亿美元。2015 年，《福布斯》排行榜显示，乐高集团已经取代法拉利，成为世界上最具影响力的品牌。

对于乐高来说，这一突破的有趣之处在于，它告诉了我们，光有灵活性还不够。虽然乐高在开发大量新的玩具系列方面非常灵活，但这并不奏效。只有当他们运用自己的直觉（应对力的第四基石）真正去了解核心顾客想要什么时，他们才取得了突破。这是一种超强的灵活性——通过直觉和情境意识来感知——也是应对力的本质。乐高并不仅仅尝试开发不同的玩具，它还采用了新技术，并找到了吸引各个年龄段用户用小小的塑料积木玩耍的新方法。纳斯托普思维灵活、有见识，用全新的方法挽救了公司。保持灵活的思维，去创造变化而不仅仅是应对变化，这才是乐高公司得以复兴的关键。

为什么改变思维模式很难？

从表面上看这些故事，思维灵活似乎很容易实现。可我们为什么会觉得改变思维模式很难呢？究其原因，我们往往从小就在无意中一遍遍地练习同一种做事的方式、同一种思考的模式，所以我们很难摆脱掉这种反复练习的思维惯性。下面的测试就是一个很好的例子。你可以用这个经典的九点谜题来测试一下你的转变能力。你需要用四条直线把下面的九个点连起来，但这四条直线需要一笔完成。

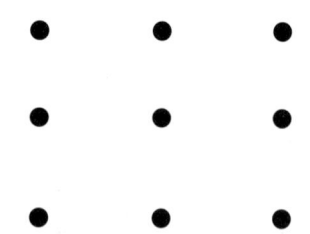

● ● ●

● ● ●

● ● ●

这个题目看起来很简单，实际上并不容易。一旦你看到答案（见本书末的附录一），就会明白为什么。问题在于，我们的思维会被禁锢在熟悉的定式中,所以当我们看到这些点时,就好像有一个假想的正方形边框限制着它们。我们会假设自己必须停留在这个正方形的边界内,甚至有人猜测正是这个谜题激发了20世纪80年代流行的一个管理学术语"跳出传统的思维框框"。然而,一旦意识到其实我们并不受想象中的正方形限制时,这个难题就变得容易多了。

正如20世纪最具影响力的经济学家之一约翰·梅纳德·凯恩斯提出的那样:"理解的困难不在于接受新想法,而在于摆脱那些根深蒂固的成见的纠缠。"习惯性的思维方式很难改变,很大程度上是因为从一项任务或一种思路转换到另一项任务或另一种思路很难。

睁开眼睛,敞开胸怀

细菌的发现就是现实生活中一个很好的例子。中世纪时,传染病和流行病一直威胁着人类的健康。在炎热的夏季,特别是在人口稠密地区,空气中充满了垃圾、动物和人类排泄物的恶臭,疾病传播速度很快。人们认为,腐烂的有机物质释放出的无形蒸气会侵入人体并破坏机体功能,这种"坏空气"或"腐气"是所谓的14世纪中期欧洲黑死病的主要诱因,当时的黑死病造成了欧洲多达2亿人的死亡。许多证据都支持"瘴气理论",该理论一直到19世纪都很有影响力。但在1864年,法国化学家路易·巴斯德进行的一系列确定性实验彻底推翻了"瘴气理论",并用"细菌理论"取而代之。当然,我们现在知道,卫生改革者们在消除异味来源的同时,也无意中消除了造成这种疾病的真正元凶——细菌。

然而,值得注意的是,意大利诗人、医生和科学家吉罗拉莫·弗拉卡斯托罗早在 300 多年前就已经预见到了"细菌理论"。1546 年,他出版了一本书《论传染和传染病》,书中提出感染不是由"腐气"引起的,而是由一种"种子状的生物"或"病菌"引起的,它们可以在人与人之间传播。他认为这些病菌是可以蒸发并通过空气扩散的化学物质,虽然这并不是我们现在所说的微生物,但这仍然是对传染病的一种全新的思考方式。不过当时人们对此置若罔闻。当时的主流理论认为"腐气"才是问题之所在。因此,"一种类似细菌的物质才是罪魁祸首"的观点根本没有得到科学界的认可。

1677 年,在弗拉卡斯托罗的观点首次发表的一个多世纪后,荷兰科学家安东尼·范·列文虎克发明了一种高级显微镜,直接观察到了细菌。列文虎克在用显微镜观察水滴时,意外地发现了微小的生物体——他称之为"微生物"。但人们仍然没有将它们与传染性疾病联系起来。直到近 200 年后,法国化学家巴斯德的著名实验才让人们充分认识到列文虎克的发现的意义。

科学界花了这么长时间才实现从"腐气理论"到"细菌理论"的转变,这是一个最恰当的例子,它说明在集体和僵化的思维模式下工作，我们会对那些不符合主流思维方式的事实视而不见。科学家们花了 200 多年的时间才真正"看到"列文虎克实验中显而易见的东西。试想一下，如果我们能敞开胸怀接受所有的可能性，那我们的进步会有多快！

如果我们回顾一下历史就会发现，人类许多伟大的认知飞跃都是基于我们思维方式上的转变——以全新的、意想不到的方式来重新思考熟悉的事物。反之，如果我们不能从一种思维方式转换到另一种思维方式，那就意味着我们会错过或者忽略那些具有潜在价值的信息。

只看自己想看的东西

如果我们可以敞开胸怀，超越自身价值观和信仰的严格限制，就会对我们观察世界的方式产生巨大影响。毕竟我们都容易"看自己想看的东西"。

当你观看最喜欢的球队比赛时，这一点也许再明显不过了。一个著名的心理学实验充分证明了这一点，该实验基于一场暴力的美国大学橄榄球比赛。1951 年，普林斯顿老虎队对战达特茅斯印第安人队，这是两校本赛季的最后一场比赛。普林斯顿的一位明星四分卫迪克·卡兹麦尔曾登上过当年《时代周刊》的封面，这场比赛是他的最后一场比赛。在第二局比赛中，达特茅斯学院的一名球员粗暴地将他撞倒，鼻梁骨折、脑震荡的他不得不离场，卡兹麦尔辉煌的职业生涯就此宣告结束，球场内外一片哗然。在下一局比赛里，普林斯顿大学的一名球员又弄断了达特茅斯学院一名球员的腿。比赛在这种恶性反复中继续进行，最终普林斯顿大学以13∶0获胜。比赛结束后的很长一段时间，谩骂和指责仍在发酵。

在随后的几周里，两所大学的杂志对这场比赛给出了截然不同的报道。但达特茅斯学院和普林斯顿大学的心理学家开始怀疑，这两所学校的学生是否真的"看到"了不同版本的比赛。为了找到答案，他们联合招募了达特茅斯学院的163名学生和普林斯顿大学的161名学生，让他们观看比赛录像，然后填写各种问卷。

研究结果令人震惊。几乎所有普林斯顿的学生（86%）和大多数中立的观察者都说，是达特茅斯学院引发了这场粗暴的比赛，而达特茅斯的学生中只有36%认可是他们学校挑起事端的。在观看比赛录像时，达特茅斯学院的学生只能挑出其校队一半的违规行为。争论的焦点在于，人们不只是声称看到了不同的东西，而实际上由于他们对各自大学的忠诚度，他们确实看到了截然不同的比赛内容。

这项研究在更多场合被当作合理证据，证明每个人都不是事件的公正观察者。我们看到的东西深受自己的偏好和认知偏差的影响，这导致我们在观察时缺乏灵活性。只有符合自身信念的事物才能被准确感知。这就是为什么我们更容易注意到陌生人的错误行为但会忽略朋友的过错，也可能会导致非常差的决策或错误的假设。

信仰和忠诚会让我们在看待周围发生的事情时变得心胸狭窄、思维僵化。

　　正如我们在本章中看到的，思维灵活可以改变我们的生活。它能帮助我们敞开胸怀，接受不同的可能性，更清楚地看待事物，帮助我们出色应对各种情况，在体育、商界和日常生活中取得成功。思维灵活由几个不同的部分组成，包括一些基本的思维过程，这些过程可以帮助我们从一种思维方式转换到另一种思维方式，我们会在接下来的两章探讨这些内容。

本章小结

- 灵活的思维能帮你出色应对各种情况，做出更好的决定，敞开胸怀接受更多的可能性。
- 灵活性在很大程度上是指能够摆脱惯用的行事方式和思维定式。
- 思维灵活为商业决策及个人生活带来好处。
- 思维灵活不是为了改变而改变，它的灵活是建立在理智基础上的，会根据情况选择正确的方法。

第 6 章

思维灵活的基础：认知灵活性

我只有那一次真正陷入了恐惧的深渊。

那年我12岁，住在都柏林郊区的海边。暑假的大部分时间，我和朋友们都会在附近的小海湾度过，我们会沿着陡峭的悬崖下到小海滩上。当地人靠海建了一堵圆形的墙，这样在退潮时就会形成一个大水池。墙上面有一根大约一米高的跳水台柱。涨潮时，这一切都隐藏在海水下，但随着潮水退去，水池和柱子就会浮现出来。

有一天，暖风习习，我和伙伴们在水池里戏水。海浪突然从墙外翻腾涌进来，池子很快就满了，海水迅速淹过我们。这样的情况很常见。我很相信自己的游泳技术，享受着汹涌的海浪。突然一个巨浪袭来，我措手不及，被狠狠地冲到了墙上。我上气不接下气地爬到台柱上，周围海浪汹涌，我紧紧抓着柱子。

环顾四周，我发现其他人都已经爬出了水池，回到岸上了。我是唯一一个留在汹涌波涛中的人。离岸边大约有30米远，我本可以轻松游到安全地带的，但我吓得完全僵住了，拼命抓住柱子不放。似乎过了很久，有个叫詹姆斯的男孩游过来帮助我。他是当地长得最好看的男孩之一。我坚持说我无法动弹，要在柱子上待到退潮。当然，这是完全不理智的行为——我知道潮水需要几个小时才能退去，在退潮之前海水会先淹过柱子。

詹姆斯最终说服我放开了柱子，游回了岸边。我很害怕，但我的朋友们一点儿也不同情我，因为我游泳技术很好，他们认为我是精心策划以吸引英俊的詹姆斯来救我。"你应该拿个奥斯卡奖。"其中一个人笑着说。直到今天，他们都不相信我，但我当时真是吓得不会动了。

为什么这么容易"僵住"？

多年以后，作为一名神经学家和心理学家，我明白了我当初为什么会吓到无法动弹——答案来自我们的进化史。由于掠食者能察觉到很轻微的移动，被掠食者对恐惧的一种自然反应就是保持静止不动。这种反应残留在我们的大脑中，所以当我们害怕时，往往会僵住——有时只是一瞬间的僵住。但这种情绪化的反应在错误的情况下可能毫无用处。虽然"静止不动"可以拯救可能被狐狸发现的兔子，但对于同一只兔子来说，被迎面驶来的汽车大灯晃得静止不动却会带来灾难。同样，我的大脑坚持要我紧紧抓住柱子，这对当时的情况来说显然不是一个好选择，但这要归咎于我们的基本生理习性。

不仅我们的身体反应会变得不灵活，我们的思路和情绪情感也会僵化。我的研究表明，许多问题都可以从下面这句话中找到答案：我们很难将自己从无益的感觉、思想和行动中解脱出来。想想当你一直担忧时，你可能会陷入怎样的心理循环。无论你多么努力分散自己的注意力，大脑总是会回到那些恼人的想法。虽然熟悉的做事方式可能会让你感到一丝安慰，但重要的是要不断问自己，自己的方法是否真的适合解决当下的问题。

"认知灵活性"是思维灵活的基础

从僵化转向灵活对保持我们的心理健康和生活的热情来说非常重要。要理解这一点，我们首先需要深入探寻大脑。在大脑深层有一种很大程度上超出意识的超迅速反应，我们称之为认知灵活性。这是我们大脑的一种基本能力，即选择继续坚持做同一件事（简单），还是切换去做不同事情（困难）的能力。我决定紧紧抓住柱子，这是"简单"选择——只需要坚持就可以了。而跳入海浪中克服恐惧则是"困难"的选择——需要切换方法。虽然（至少一开始）我没有花太多时间思考这个选择，但这是证明思维灵活可以促进意识和行动的一个例子。在这一章中，我们将主要深入探讨大脑中支持思维灵活的低层次的无意识反应过程。这些大脑过程在心理学中被称为"认知灵活性",它们有助于我们选择"坚持"还是"切换"。

当你选择坚持或切换时,大脑中会发生什么?

大脑中有两种不同的反应过程来支持这两种选择:"认知稳定性",即面对分心时坚持不懈的能力;"认知灵活性",即切换的能力。

认知稳定性包括两个心理阶段:

- 首先,专注于当前的目标
- 然后,抑制所有其他想法

认知灵活性更为复杂,包括四个不同的心理阶段:

- 首先,把注意力转移到一个新目标上
- 然后,抑制旧目标
- 再次,进一步思考实现新目标需要做什么
- 最后,将实现新目标所需要的一切付诸行动

这两种能力的共同点可能比你想象的要多。脑部影像显示,它

们都受到额叶皮质内相同部位的影响——额叶皮质是大脑中对重要认知功能至关重要的区域。一开始我对这种交叉重叠感到惊讶,但经过一番思考后,觉得确实如此。无论你是试图阻止所有其他的想法(并坚持)还是抑制旧目标(为了切换),大脑都需要抑制许多不同的想法和行动。因此,这种抑制能力(被称为"认知抑制")对切换和坚持都同样重要,这是有道理的。

脑部影像研究还表明,思维灵活的人在大脑不同区域之间有着更灵活的连接,这与我们在青少年志愿者身上观察到的情况相似。灵活的大脑善变,可以瞬间重组不同区域间的连接,支持任何需要快速反应的心理过程。重要的是我们要认识到,这些连接并不是与生俱来的——我们所有人都可以通过训练让我们的神经网络放松下来。如果努力训练大脑从一种想法快速切换到另一种想法,我们在日常生活中就会变得更灵活。

认知灵活性

在我们的大脑中,认知灵活性是指大脑中发生的一种低水平反应过程,使我们能够从一项任务切换到另一项任务,或者使我们的"思维设置",从一种切换到另一种。举个喝水的例子,拿起杯子是大脑固定的一种设置,把杯子放到嘴边是另一种设置,啜饮和吞咽又是另一种设置。从大脑过程来看,这些不同的组成部分都需要从一种思维设置切换到另一种。我认为，这种从一种思维设置流畅切换到另一种思维设置的能力，不仅有助于我们行为流畅，还增强了我们克服习惯性思维方式的能力，增强了从旧思维方式切换到新思维方式的能力。

正如我们在上一章中看到的，所有人都处在一个从极度僵化到灵活变化的范围内，随着年龄的增长，我们往往变得不那么灵活，更加墨守成规。因此，我们要在思维灵活性的基础上下功夫，要提高大脑的认知灵活性，这样才能全方位提高思维灵活性。我们可以学会变得更加灵活，如果转变——从一种思维设置切换到另一种思维设置——更顺利的话，可以帮助我们提高适应力。

如何学会"任务切换"

从一项任务切换到另一项任务是思维设置能力的体现。在大约7~11岁的年龄段，孩子们的切换思维设置能力会自然发展。测试这一点的方法是让孩子们用不同的方法对一副卡片进行分类。让我们想象一下，有一堆卡片，上面有蓝色或黄色的动物或糖果的图片。大多数7岁的孩子都能很容易地根据"黄色"和"蓝色"或"动物"和"糖果"将卡片分成两堆，但如果要求他们切换思维模式，把卡片分成蓝色动物一堆和黄色糖果一堆，他们就会感到困难。然而，等到他们11岁的时候，大多数孩子就会发现这很容易做到。

这种心理学家称为"任务切换"的能力在日常生活中很重要。例如，在工程师可以是"男性"或"女性"的想法之间进行切换，就是一个非常类似的认知过程。事实上，几项研究告诉我们，擅长这项任务的孩子不太可能对人抱有刻板印象，也更容易发展阅读等技能。所以，这是一个重要的低层次认知过程，我们可以努力训练这种认知过程，帮助我们以一种更普遍的方式提高思维灵活性和心理功能。

测试你的任务切换能力

我和其他认知心理学家都进行了一系列的任务切换测试，这些测试本质上是上文提到的儿童进行分类任务的复杂版本。简而言之，任务切换让我们能够对从一种思维设置切换到另一种思维设置所造成的短暂干扰进行量化。

比如下面的测试，我们用一串粗体或正常字体的数字来练习，但被测试者要遵守以下规则：

- 如果是粗体的数字，比如7，必须说出数字是"大于或小于5"
- 如果是正常字体的数字，比如4，必须说出数字是"奇数或偶数"

用专业术语来说，一种思维设置是"大于或小于5"，另一种是"奇数或偶数"，在这两者之间切换会破坏思维过程的顺畅性。例如，针对下列顺序排列的一组数字"6 2 7 4 8 3"，它的答案先是前三个有两个是重复的——"偶数""偶数""奇数"，这是根据"奇数或偶数"这个思维设置得出的答案。然后答案切换到"大于或小于5"，后三个答案中又有两个是重复的——"小于""大于""小于"。中间的切换涉及从一种思维设置"奇数或偶数"切换到另一种思维设置"大于或小于5"。

自己用下面的数字试试吧。

- 打开手机上的计时器，从头到尾计时
- 记住，普通字体的数字是要看它是"奇数"还是"偶数"，粗体数字是要看它"大于5"还是"小于5"

6	2	7	4	9	3
6	3	8	3	2	9
1	**3**	**4**	**8**	**6**	**6**
7	**4**	**8**	**2**	**3**	**9**

在这里填写你花的时间：_____

第一次我花了 21.32 秒。

- 现在，重置计时器，将下面的数字按照同样的方法再做一遍，从头到尾计时。规则是相同的——普通字体的数字是属于"奇数"还是"偶数"，粗体数字是"大于5"还是"小于5"。

```
6   2   7   4   9   3
6   3   8   3   2   9
1   3   4   8   6   6
7   4   8   2   3   9
```

在这里填写你花的时间：_____

这一次我用了 26.88 秒，这意味着我需要 5.56 秒的切换成本。第二组数字更难，因为有几个序列需要切换思维，而第一组数字只需要切换一次。你的表现如何？如果你经常做这种切换练习，随着时间的推移，你一定会看到自己的进步。

你可以随意想一串数字，随机标粗一半，再打印出来。如果你经常这样练习，做起来就会越来越轻松，这样可以锻炼大脑的认知灵活性。不过，正如我们下面要看到的，用更多的日常任务来训练认知灵活性也很重要，不能只靠这一种训练方法。

在日常生活中训练认知灵活性

认知灵活性是一个重要的大脑过程，可以让日常行动更灵活。

许多日常情况，比如，在休息后重新开始工作，在一段紧张的工作后享受假期，或者就是从一项活动转向另一项活动，都需要用到认知灵活性。这里有一个简单的练习来提高基本的思维灵活性：

1. 写出3~4项任务，完成每项任务需要的时间控制在10~15分钟。这些任务可以是写一封简短的电子邮件、打个电话、订电影票或整理办公桌等。
2. 为每一项活动安排合理的时间，安排好处理它们的顺序。
3. 现在，给分配的时间倒计时，然后开始执行第一项任务。时间到了，就停下来，无论任务进行到什么程度都不能作弊。哪怕你已经快完成了也不行，只要计时器一响，就必须停止。
4. 稍微休息一下，然后设置好倒计时时间，继续第二个任务。

这个简单的任务非常有用。首先，它能让你看到自己在估算任务时间方面的能力。提示：我们大多数人都严重低估了像发一封邮件这样简单的任务实际所要花费的时间。其次，你还能学着从一项任务更有效地切换到另一项任务。如果你经常这样练习，也许一周一次，就能显著提高自己的认知灵活性——认知灵活性是思维灵活的基础。

这项练习的高阶版本就是设置一个会在随机间隔时间响起的定

时器。之前的实验中，人们需要在30分钟内完成3项任务。而在这新的30分钟内，计时器会随机响6次，只要计时器一响，你就必须立即切换到下一个任务，且这次中间没有休息，因为这是在训练认知灵活性，而不是训练行动效率。所以，必须立即停下正在做的事情，马上开始下一个任务。经常做这项练习，会让大脑的灵活性飞速提升。这对于解决那些你一直逃避的琐事来说也是很好的方法。

多任务处理会消耗精力

虽然从一件事切换到另一件事可以很好地提高认知灵活性，但我们也应注意，像这样的切换很耗费精力。记住，多任务处理在一定意义上来说是个神话——实际情况是我们较难迅速从一项任务切换到另一项任务。所以，如果可能的话，试着计划好时间，这样你就可以一次专注于一件事。在不同的任务之间来回切换非常耗费精力。假如我在做其他事情的时候停下来去查看刚收到的邮件，我会很有负罪感，因为这会极大分散我的注意力，导致浪费时间。所以，就在我写这段文字的时候，我关掉了所有电子邮箱提醒和其他通知。因此，如果你一个上午或是一整天有好几件事要完成，那你就要计划好时间，试着一次专注一件事。良好的时间管理不仅有助于身体健康，还能让你精力充沛，注意力集中，表现最佳。

比较理想的是在一开始就定好一天需要完成的任务。一旦定好，你就要严格地为每项任务分配时间——并且要切合实际。这需要自制力。我们可以经常试着做下面的训练：

1. 开始一天的工作时，计划两到三个任务。虽然听起来可能不多，但如果一天要完成超过三个任务，改变思维设置就会损耗效率和精力。任务应该是具体任务，而不是开放式的。所以，相比于"写书"这样的模糊计划，更应该用"完成第2章中的特定部分"这种具体的表述。规定具体的任务很重要，这样即使任务无法完成，也不会觉得自己一天一事无成。
2. 选出两到三个任务后，就需要把它们按照重要性和紧迫性排序。如果其中一项任务必须当天完成，那么根据它所占用的时间，有可能它就是你这一天唯一的任务。再次强调，现实一点，不要让自己承受不必要的压力。
3. 给自己定一个合理的时间表来完成每一项任务。首先，你可能会大大低估完成某项任务所需的时间。不过，通过练习，你就能更准确地估算出完成每项任务所需的时间。因为我们知道从一项活动切换到另一项活动会耗费精力，所以请确保在任务之间至少留出15分钟。这段间隙可以让你的思维从第一项任务中跳出来。只有这样，你才能将思路彻底转移到下一项任务上，最终完成任务。如果你能坚持这一原则，那你不仅会变得更有效率，而且一天工作结束后不会疲惫不堪。

安排好休息、锻炼和检查电子邮件的时间也很重要。和大多数学者一样，我每天都会收到大约 150 到 200 封电子邮件，我的收件箱都快满了。解决这个问题的唯一方法就是早晚各花一小时处理最紧急的邮件。我并不总是这样严格要求自己——当我不遵守的时候，我就很痛苦，因为我后面就要花好几个小时来处理邮件，这一天结束后我就会感到压力很大、心情沮丧，因为我没有完成要做的其他事情。

如果你想去健身房、出去跑步或是上瑜伽课，请安排好时间，并坚持下去。你可能需要早起一小时，但重要的是要安排好时间，然后严格执行你的计划。

电子游戏和旅行也能有所帮助

玩一些快速反应类的电子游戏需要在多种规则、动作、目标和对象之间快速切换。虽然结果好坏参半，但有证据表明，玩这类游戏也有助于提高认知灵活性。

另一种提高认知灵活性的方法是旅行。大脑在不同想法之间有效切换，这种认知能力也有助于提升创造力。一个研究小组调查了270 家高端时装公司中高级设计师的创造力。那些在多个国家生活过的设计师所设计的创意时装系列一直比没有这种经历的设计师要多。进一步调查显示，他们生活过的国家类型也很重要，在与本国有很大文化差异的国家生活过并不会提升创造力。对此，一种可能的解释是，融入一种非常不同的文化很难，如果不会讲这个地区的语言则更难融入其中。

这表明，只有真正融入新的文化才有助于提升思维灵活性。跨文化的经历可以把你从自己的文化气泡中拉出来，让你与来自不同背景的人有更强的联系感。正如马克·吐温所言，旅行"可以消除偏见、偏执和狭隘"。不仅如此，旅行也是一种训练思维灵活性的好方法。

找到常见物品的不寻常用途

"不寻常用途测试"要求在有限的时间内想出日常用品（比如易拉罐、杯子、回形针等）尽可能多的用途。这可以反映出一个人做事是否娴熟，是否有创造力和思维灵活性。你可以随时进行练习：环顾房间、火车、飞机或你所到之处，任意选择一个物品，然后看看你能想出多少它的用途。如果你有孩子，也可以和他们一起尝试这项练习——这会很有趣，经常这样练习可以提高你们的灵活性、创造力和敏捷性。

练习任务切换很重要
——人焦虑时更能显出这种练习的必要性

大脑的功能之一是能发现任务切换具有破坏性。坚持做同一件事情总比切换任务要容易。这就是为什么效率专家经常说，要避免不必要的任务切换，避免白天被收发电子邮件之类的事情打断，因为这会分散我们的注意力，影响工作表现。虽然我们总是会因任务切换而受到干扰，但焦虑会使我们更为挣扎，对切换的任务类型也更敏感。

想象一下，你正在全神贯注写一份复杂的报告，或是在解决一个棘手的问题，这些都需要高度集中注意力，现在，你必须暂时把注意力转移到一件琐事上，比如预订餐厅，然后再继续工作。当我们不是特别焦虑的时候，我们会觉得从简单或困难的任务中切换出来难度一样。但是，随着压力的增加我们就会发现，从一项需要全身心投入的任务中转移注意力会变得越来越难。

将我们的注意力从充满焦虑的繁杂思绪中拉出来，意味着我们必须付出更多的努力才能达到我们不太焦虑时同样的表现。虽然表面上看不出高度焦虑和相对悠闲这两种人之间的表现差异，但其实他们的内部差异很大，焦虑人群的大脑需要竭尽全力才能达到同样的表现水平。他们就像在水里游来游去的天鹅，看上去轻松优雅，但水面之下是另一番景象。

焦虑会削弱我们的认知灵活性，妨碍我们享受生活

我对焦虑的研究表明，通过认知过程的偏差，焦虑会改变我们的意识，扭曲我们体验现实的方式。不过，这种扭曲现实并认为每个角落都潜伏着危险的倾向并不是真正的问题。在真正危险的情况

下，这是一种非常必要的认知机制，它在我们的大脑深处运作并保护我们。问题是，如果我们经常焦虑，这种倾向会成为我们的默认选项，我们就不会用不同的方式灵活看待事物。焦虑实际上在我们的大脑中设置了障碍。

焦虑削弱了我们解读周围世界的易变性，反而使我们本应非常灵活多变的思维变得僵化。焦虑的大脑会导致我们只盯着可能出现的问题，而不去关注解决问题的灵活方法，经常导致高度僵化的重复。焦虑使我们停滞不前，对危机的持续性警觉扰乱了我们的思考方式、感觉和行为方式。

虽然一些研究表明焦虑的人在任务切换方面有困难，但缺少追踪研究。正如每个心理学家都会告诉你的那样，相关性或关联性并不意味着因果关系。焦虑可能会导致认知僵化，反之亦然。所谓纵向设计，就是在一段时间内跟踪一组人。这很能说明问题，因为它能让我们弄清楚某种程度的思维僵化是否真的会影响我们处理日常生活中的各种问题。我想弄清楚，在任务之间切换的困难是否预示着随着时间的推移，压力和担忧也会随之增加呢？

在这个研究项目中，我们没有使用传统的不带情感色彩的（如数字）任务切换方法，而是决定使用带有情感色彩的项目。根据我自己早期的发现，焦虑的人往往会陷入消极的信息中，似乎焦虑的人很难从带有情感色彩的尤其是消极的信息中抽出身来。我们发现，可以使用这种新的切换任务。一个人如果无法从消极信息中灵活切换出来，在面对压力时，他确实往往会产生危险的、无效的应对机制——消极的苦思冥想。

这让我们有了自己开展研究的动力。我们决定对一组学生追踪测试八周。我们想要弄清楚，那些认知不灵活的人，特别是还带有情感色彩的人，处理日常烦恼时是否会更加忧虑（这是一种重复的、有害的且往往无效的压力处理方法）。

为了更好地了解人们是如何应对日常压力的，我们使用了名为"烦恼和好事"的问卷。受试者每周都要在线填写问卷，记录他们每周内经历的烦恼（如错过公交车、上班迟到）和好事（如和朋友见面、工作中获得积极评价或学生论文得了高分）的数量，这样我们就得到了一组累积的数据。在基础测试环节，我们向每位受试者呈现一个积极或消极的场景（比如一对深情凝视对方的夫妻，或是一对争吵的夫妻），并要求他们根据两组不同的规则快速将场景进行分类（通过按下电脑上的按钮）：

- "情感"规则——场景的氛围是积极的还是消极的？
- "数字"规则——场景中是多于、等于还是少于两人？

我们的想法是，当人必须瞬间从基于"情感"的思考切换到基于"数字"的思考时，就会涉及切换成本，这就能让我们深入了解人们对情感场景的认知僵化程度。我们的预测是，那些无法灵活从消极场景中切换出来的受试者会随着时间的推移越来越焦虑，与那些不太容易焦虑的人相比，这些受试者的大脑摆脱威胁的能力更差一些。

整个试验大约花了六个月的时间才完成，最终的结果很有趣，并非像我们预测的那样。虽然跟我们预测的一样，受试者确实有无法从消极场景中灵活跳脱出来的迹象，但事实证明，是否能够灵活切换到积极场景才是最重要的，只是焦虑的人向积极场景切换时的效率较低。值得注意的是，接下来的两个月这些思维不够灵活的人也更容易为生活中的麻烦所困扰，似乎这两个月期间发生的好事并没有帮到他们。

对于情感任务切换的简易试验看起来确实能预测日常生活中的焦虑和烦恼。这是一个重要而新颖的发现，因为我们首先测量了情绪任务的切换，然后研究了接下来两个月发生了什么。研究结果很清楚：认知不灵活，至少在处理积极情况方面，会损害心理健康，也许还会让人更忧虑。

这种思维刻板，或思维僵化，最终导致反应方式高度僵化，让人越来越脱离现实。具体来讲，大脑会告诉他们，要么一切都在变糟，要么最后没有什么好结果，要么一旦有什么地方要出错就会全部出错，要么同时出现上面这三种情况。这样的认知偏差使人经常忽视周围的美好事物，忘记曾经的开心瞬间。这些心理机制虽然在逆境中有些用处，但如果焦虑升级，消极心理在事情进展顺利时也不会消失。这样的心理机制还会使我们变得更加顽固,并削弱我们的心理活力。

无论我们是否感到焦虑,从一项任务切换到另一项任务总是伴随成本消耗。不过,我们越是焦虑,就越会深陷于一项任务之中,这可能会使任务切换变得更难。这样看来,我们感到焦虑或有压力时,切换任务会变得更困难,更有破坏力,所以此时应该尽量避免任务切换以提高效率——在刻意练习任务切换时除外。

任务切换不仅对认知心理学家的工作有帮助,对儿童游戏或解开有趣的谜题也有帮助。它是一个基本的大脑过程,是我们在日常生活中做出较复杂决定的基础。

认知灵活性是使人变得灵活的源泉

我们已经看到,从一种想法或思维设置切换到另一种想法或思维设置是有代价的。无论是年轻人、中年人还是老年人,切换的困难就像是心理障碍,阻止我们解决问题、做出正确的决定,甚至阻止我们客观看待世界。虽然认知灵活性会在我们的大脑中发挥作用,但它的作用并不止于大脑。它还使得思维灵活性的影响更广泛,影响我们日常生活中的心理感受、思考方式和行为方式。目前这种更广泛意义上的思维灵活性是一个蓬勃发展的研究领域。许多研究发现,这种灵活性是我们心理健康的基石。

重要的是要记住,我们的灵活能力根植于大脑中非常深层的思维过程。思维过程让我们从一种想法或活动切换到另一种想法或活动。训练这种认知灵活性的唯一方法就是练习、练习，再练习。就像运动员会通过无休止的训练提高技能一样，我们每个人都可以经常练习任务切换。这样做对我们有好处。正如我自己的研究表明的那样，练习任务切换不仅有益于我们的心理健康，还能让我们在不可预测的复杂世界里游刃有余。

本章小结

- 切换能力比坚持能力更复杂，因此需要付出更多的努力。
- 认知灵活性是一个基本的大脑过程，是广义上思维灵活性的基础。
- 广义上的思维灵活，是应对力的第一基石。为了提高思维灵活性，我们首先要提高自己的认知灵活性。
- 心理学家通过任务切换测验来测量认知灵活性，这些测验也可以作为提高认知灵活性的训练。
- 焦虑程度会影响大脑处理过程的灵活性。焦虑越少＝灵活性越大，焦虑越多＝灵活性越小。这一点在处理情绪化的信息时尤其明显。
- 不分心对于切换工作很重要，对于专注于一项任务来说同样重要。
- 可以通过练习提高认知灵活性。

第 7 章
思维灵活的 ABCD 四要素

　　几年前，我加入了一个由心理学家组成的团队，该团队举办了一个旨在帮助现役警察处理压力的研讨会。一位名叫马克的警官给我们讲了一个故事，是他在职业生涯早期，也就是在完成培训后不久不得不面对的一个情况。一天晚上，警方接到报警电话称在郊区的某街上有对夫妻正争吵不休，邻居担心争吵会演变为暴力事件。其实，警方之前接到过许多来自这条街的报警电话，住户们都要求尽快处理一对夫妻的问题，他们经常激烈争吵，并且一般都以男人踢开门后气呼呼冲出去而告终。

　　虽然令人不安，但这些争吵从来没有导致身体暴力行为。马克觉得那天也会是同样的情况，就出发了。他预判自己将不得不尝试冷静化解夫妻之间的醉酒争吵。训练有素的他为应对此类情形做了充分准备。然而，到达现场时，他面临的混乱局面让他不知所措。周围站着的是几名震惊的邻居，人群中间不是他预料中的那对夫妻，而是一个女人躺在那里，一动不动，血流一地，旁边的一名男子也血流不止，脸上还有严重的瘀伤，还有另一名受了重伤的男子仍在大喊大叫，被两名围观的人拦着。

马克的第一反应是愣住了。人们看向他，希望他能控制住局面。他很快就清醒过来。在确定有人已经叫了救护车后，马克开始了解事情的原委。他最终了解到，这对男女一直在争吵，一个旁观者也参与进来。这一干涉导致三人之间发生了暴力冲突。

马克的第一反应是典型的错位期待反应。因为他试图首先解除自己原先的强烈期待，他的大脑进入了一种微冻结状态。随后，马克不得不考虑他需要采取的行动，以便能够有效应对新情况。这一事例充分展示了思维灵活的本质。首先，我们需要从最初期待——原先的思维设置——中脱离出来转到新思维设置，思考在新环境下最合适的行动方案。

能够意识到意外随时可能发生，这一点至关重要，这样才能使我们在任何情况下都表现出色。我们可以把这看作去某个偏远地区探险的计划。第一步，要尽可能多地了解可能遇到的地形。无论是在雪天翻越高山，在河流中航行，还是穿越炎热干燥的沙漠，都需要不同的技能和装备。人生也是如此。在不断前行的人生旅途中，我们必须学会如何与父母、兄弟姐妹相处，学会如何处理友谊、青春期、冲突、婚姻中的问题，学会如何应对就职、离职、疾病、亲密朋友的死亡、年龄增长带来的变化以及许多其他挑战。有时这些变化可以预测，有时它们却出其不意地降临到我们的生活中。无论哪种情况，我们能接受并应对所谓的"错位期望"是保持心理健康的基础。

思维灵活是应对力的第一大基石，它不仅涉及生活中的重大决定，也对我们日常生活中的细微小事有影响。我在爱尔兰长大，每到暑假，就会到全国各地参加青少年网球巡回赛。几乎每周都会有比赛。球员们联系紧密，对彼此的打法和风格非常了解。这很有趣，竞争也很激烈。杰玛是我的一个竞争对手，我们经常交手，一般势均力敌，但她赢我的次数更多一些。

我在北都柏林锦标赛的四分之一决赛中打败了杰玛，取得了有史以来的最好成绩。这场比赛在我的家乡萨顿草地俱乐部举行。我仍然记得当时那种兴奋不已的感觉，能在这场重要的锦标赛中成功晋级半决赛，实属来之不易。但我差一点儿与胜利失之交臂。杰玛很特别，她的反手击球比正手强得多。在第一盘比赛中，我采取了一贯的策略，去推挡杰玛的正手击球。比赛进行得并不顺利，杰玛的表现近乎完美。一个又一个正手球从我身边飞过，咻咻作响。偶尔有几次，球飞到她的反手位置，出人意料的是，她失误了好几次。

我注意到这一反常情况了吗？没有。

但是，就在输掉第一盘，双方进行场地交换休息时，我的教练低声说我应该改变战略。他说："瞄准她的反手，她反手击球发挥很不稳定。"在接下来的几局比赛中，我就是无法做到这一点。躲开杰玛强有力的反手击球是我一贯的战术，这个想法在我脑海中根深蒂固，几乎不可能一时调整过来。谢天谢地，我最终强迫自己专攻杰玛的反手击球，局势开始发生变化。我勉强赢了第二盘。接着我继续赢了最后一盘比赛，成功晋级半决赛。

在那场比赛的大部分时间里，我的教练艾登清清楚楚看到的事情，我却察觉不到。我接受了他在第一盘比赛结束后提出的建议，做出了早就该做的调整：应对当下的情况，不再依赖过去的比赛经验。我无法从一个久经考验的策略中摆脱出来——我的思维不够灵活——差点儿让我落败。

正如我们在前一章所讲，虽然认知灵活性是思维灵活的基石，但思维灵活在日常生活中的行为、思考和感受等领域发挥着更广泛的作用。心理学研究表明，要想变得思维灵活，需要把握四个关键要素。

思维灵活的 ABCD 四要素

广义的思维灵活由四个动态过程组成，每个过程都随着时间的推移而慢慢展现。我把这些称为思维灵活的 ABCD 四要素。它们反映了一个人在以下四个方面的能力：

- **适应**（Adapt—A）不断变化的需求

- **平衡**（Balance—B）相互矛盾的欲望和目标
- **改变**（Change—C）看问题的角度
- **发展**（Develop—D）心理能力

要想成为一个思维灵活的人，我们必须培养思维灵活的这四个要素，如下图所示：

思维灵活的 ABCD 四要素

```
要有万事万物会
变化的意识
    ↓
愿意做出改变
    ↓
┌─────────────────────────────────┐
│  A.适应不断变化      B.平衡相互矛盾的  │
│     的需求              欲望和目标    │
│                                 │
│  C.改变看问题        D.发展心理能力   │
│     的角度                       │
└─────────────────────────────────┘
    ↓
  思维灵活
```

适应不断变化的需求

军人家庭常常会经历变化，生活充满不确定性。他们一般每两年左右就会搬家，有时甚至会搬到另一个国家。2017年4月，我在弗吉尼亚州阿灵顿举行的一个关于心理弹性和适应能力的大会上发表了主旨演讲。在那里，我遇到了一群加入了军嫂互助平台的军人妻子。她们告诉我在这种生活情况下要培养快乐、适应能力良好的孩子有多么困难。军人家庭的孩子必须习惯与朋友分离，并学习如何适应新学校、新朋友和新环境。我问这些军嫂，她们是如何应对的。她们的主要建议是即使身处不断变化中，也要学会看到积极的一面，要着眼于这些变化带来的机遇而非问题本身。在承认困难的同时，更关注变化带来的机会，比如可以出门旅行，结交新朋友和学习新语言，这些会使人对变化感到兴奋。

这一建议符合很多研究结果。研究表明，积极进行适应变化的训练意义非凡。我们身处的环境总是在变化，所以对于我们所有人而言，适应能力至关重要。在前面的章节中我们了解到，虽然我们经常抵制变化，但我们的生理和心理机制都能帮助我们适应变化。

适应性强并不意味着在没有计划的情况下冲动行事。真正的适应性要讲战略，是深思熟虑的行动，既要放下过去，也要继续前进。在商业领域，如果市场发生了变化，你需要适应或随之改变，否则就会惨遭淘汰。这意味着，如果情况需要，就要摒弃旧习惯。

有一则禅宗寓言,讲述了一个老和尚和一个小和尚一起旅行的故事。他们来到了一条水流湍急的河流边。在河边,一位年轻女子正在等待,请求和尚们助她渡河。这两个和尚互相看了一眼,因为他们都曾发过誓,绝不碰女人。突然,年长的和尚毫不犹豫地背起那个女人,过河后,把她轻轻放在河对岸。两个和尚继续前进。几个小时后,小和尚再也控制不住了,他问道:"我们发过誓不碰女人,你为什么还要背那个女人呢?"老和尚回答说:"我几个小时前已经把她放在河边了。你为什么还放不下她?"

对我来说,这是一个解释适应力的绝佳例子。它提醒我们不应纠结过去而影响到现在的生活。正如英国企业家理查德·布兰森所言:"每个成功的故事讲述的都是一个不断适应、修正和改变的过程。"他坚信,"一个停滞不前的公司很快就会被遗忘"。

如何提升适应能力

通过练习可以提升适应能力。习惯于变化和新情况是其中的一个重要部分。我并不是说你得像军人家庭那样每隔两年就搬次家,但一定要寻找机会来尝试新鲜事物,这将有助于你学习新技能。请记住适应不是一时心血来潮才会做的事,而是一个持续不断的过程。以下习惯能提升适应能力。这些习惯应成为一种生活方式,而不应只有在遇到危机时才被想起来。

- **培养好奇心**。针对即将到来的变化问自己一些问题：变化是积极的吗？它能带来哪些机遇？有哪些不利因素？我可能会失去什么？
- **确保有多种选择**。确保你有 B 计划和 C 计划，只有一个 A 计划会有风险。
- **考虑到他人担心的问题**。不要不理会别人担心的问题，尤其是当你担任领导职务时。要指导那些看起来陷入困境的人，思考你如何能帮助他们有更开放的心态，并提升适应能力。
- **照顾好自己**。即使你的适应能力很强，也不要忘了，变化总是要付出一些代价的，所以要确保你身边有良好的支持力量。如果你正经历一场艰难的变化，可以向朋友、你信任的同事、导师和其他人求助来支持你。
- **定期接触新环境**。这一点至关重要，要经常这样做，而非仅在面临重大变化时才想起来。如果定期参加新活动，结识新朋友，适应能力自然而然就会提高。
- **让你的生活组合多样化**。换句话说，不要把你所有的鸡蛋放在一个篮子里。将你的时间和精力投入各种各样不同的活动中，扮演不同的生活角色，体验不同的经历，这是提高适应能力的一个重要因素。让自己接触多种生活经验，体验不同的社会角色，可以增强自信心。
- **与优秀者为伍**。科学研究表明，看到和自己条件一样的人做出非凡的举动，可以鼓舞我们，让我们认为自己也可以做到。因此，为了提高你的适应能力，请尝试培养一个专属于自己的组合，其中不仅包括各种技能和经验，还包括在各种情况下能够给予你支持的人。

平衡相互矛盾的愿望和目标

我们每个人都有许多相互矛盾的目标、优先考虑的事和想做的事。问题是，我们的时间和精力有限，所以我们每天能做的事情也是有限的。将一天的精力和时间用于干好工作，还是用它来陪伴我们的好朋友，照顾好我们所爱的人？现实是，我们不可能每天都做完所有事情，我们必须能够平衡并安排好目标和愿望，分清轻重缓急。

同样，尽管我们扮演着许多角色，但我们是同一个人，我们生活的不同领域往往密切相关。这一点在新冠大流行期间尤为明显。在这期间，许多人居家办公，工作与生活无法享有各自的独立空间。许多研究告诉我们，工作中发生的事情会影响我们的家庭生活，同样家庭冲突或愉悦经历也会影响我们的工作。

一项由西班牙和英国研究团队开展的研究很好地证明了这一点。研究人员要求160名研究对象完整记录一周内遇到的家庭冲突和工作矛盾。不出所料，他们发现工作冲突和家庭冲突之间存在着密切联系。如果你早上和配偶发生争执，那么你白天在工作中与同事发生冲突的次数就会增加。影响是双向的：如果人们在工作中与同事交流有困难，他们回家后往往会与家人发生进一步的冲突。这项研究和其他许多类似的研究提醒我们，我们必须考虑把工作中的情绪带回家所产生的影响。尽管向伴侣倾诉问题很重要，但也要意识到，由此产生的负面情绪具有极强的感染力。当然，好消息也极具感染力，所以不妨将一些积极的情绪带回家。

如何从工作中抽身

　　有一种方法可以做到这一点，那就是记住我们之前提到的"充分的休憩"。想办法在工作和家庭生活之间插入一个休息间隙。这有助于你把工作中的问题抛在脑后，以更轻松的心情回到家中（或者，如果你居家办公，这样做能使你切换"模式"）。在我搬到牛津之前，我担任埃塞克斯大学心理学系主任。这个系规模很大，工作繁忙，有100多名员工和800多名学生。这个领导角色的要求远远超过我的时间和精力极限。我经常晚上坐在家里思考和忧虑工作中遇到的各种问题。所有这些问题看起来都很紧急。后来我终于找到了一种方法，可以让我下班后从工作中抽身出来，带着好心情回家。我没有开车回家，而是沿着一条三千米长的河道步行，风雨无阻。我发现，在走了大约十分钟后，我就会开始注意到水面上的天鹅、树上的鸟鸣和河水散发出的气息。渐渐地，一天的烦恼就烟消云散了。

我很幸运，有条河边小路可以走。不过，要打破工作和家庭之间的心理联系，最好是做一些你真正喜欢的事情。为了划清工作与生活的界限，下班后，你可以去健身，去游泳，或者和朋友一起喝咖啡。其他需要注意的是，晚上要远离工作电子邮件，但我们常常知其不可为而为之。如果你晚上还在查看邮件，还在想第二天要做的事情，就很难从工作中抽身出来。

一个让人意想不到的从工作中抽身出来的方法是做志愿工作。尽管这可能会占用大量时间，但已有证据表明志愿工作非常有助于身心健康，因为做志愿者时你会遇到以前不认识的人，并有一种回馈社会的成就感。在一项研究中，105名德国雇员按照要求写了为期两周的日记。结果发现，那些花更多时间参与志愿活动的人能够更好地从平日工作相关活动中抽身出来，他们的心理健康也因此受益。

有效管理时间，保持生活平衡

寻找方法使自己从工作中抽离出来固然可取，但现实情况是，我们很多人都被工作需求淹没了。因此，找到管理时间的好方法极为重要，明确主要生活目标也大有裨益。

我们都有各种各样的计划、目标和愿望，重要的是要条理分明地将这些计划、目标和愿望整合在一起。你可能有一个长期目标和几个短期目标，这些目标可能相互支持也可能毫不相关。所有这些都会造成压力和失衡，可能导致精神重压，使人疲惫不堪。

不过，有一个事实不可忽视：我们可以在一定程度上控制自己的时间。时间最宝贵。虽然一般来说我们很难摆脱社会期待，但重要的是要学会善用时间，把时间花在有价值的事情上。

善用时间的一个方法是定期突破舒适区界限。试着找到一个最佳点，可以让你受到挑战，充分施展才华，但又不会被任务压垮。当你的身心达到极限但又不超过极限时，你会迎来生命中最美好的时刻。这种完全沉浸在一项具有挑战性但又值得做的任务中的状态被称为心流状态。心流状态就是你完全"进入状态"，完全沉浸在你所做事情的乐趣之中，不再关注自身或问题，将自己的能力发挥到极致，迅速成长发展。

以下三个关键问题可以帮助你决定如何利用时间：

- **你最重要的目标是什么？** 这些目标通常与职业有关。在日记里尽可能地具体记下部分目标。你想做什么样的工作？你想赚多少钱？你想存多少钱？你的这些目标之间有什么冲突吗？
- **你为什么要追求这些目标？** 我们中的许多人都深陷过度工作的困局，忘了初心。因此，退后一步，问问自己。我为什么要实现这些目标？这个问题往往会引出更多基于家庭和个人幸福的个人目标。也许你想赚取或积攒一定数量的钱来养家糊口，或者想让自己有机会享受更多的闲暇时光，毋庸置疑，这些都是提升幸福感和个人利益最重要的目标，是应该优先考虑的目标。

- **你将如何实现目标？** 一旦你对职业目标和个人目标都有了清晰的认识，你就需要制订一个明确的计划，说明你将如何实现这些目标。在设定目标时，将其分解成可管理和可衡量的部分，这一点极为重要，因为这样会使目标看起来不那么遥不可及。同样重要的是，有了目标要坚持不懈。你可以将你的目标告诉他人，我们知道，如果与他人分享我们的目标，我们就更有可能坚持下去。

巴西有一个有趣的民间故事，主人公是一个快乐的渔夫。每天早上，渔夫都会驾着他的小船出海，捕够全家人吃的鱼。然后他回到家，和孩子们一起玩耍，和妻子一起午睡，到了晚上和朋友们在村里的广场相聚。有一天，来了一位商人，他建议渔夫买一艘更大的船。"你可以捕到更多的鱼，"他说，"也许最终会有一支船队。这样你可以雇更多的人，成为有钱人。""成为有钱人后，我要做什么呢？"渔夫问道。"嗯，一旦你有了足够的钱，你就有时间和孩子们玩耍，与你的妻子和朋友们共度时光。"渔夫很不解："这不正是我现在所做的吗?"

我们很容易像这位富商一样,忘记我们工作的初衷。出于本能,我们很多人不懂得如何平衡时间,常常忽略了我们的主要目标。因此,退后一步,反思一下你是如何利用现有时间的,这会让你受益匪浅。你要抚躬自问:现在的时间分配是否有助于实现主要目标?理想的时间分配又该是怎样的?这一做法的有效性在一项研究中也得以证实。这项研究要求学生们每天为想要参与的特定活动分配理想的时间量,以此来实现生活和兴趣的良好平衡。研究鼓励学生朝着这一目标努力,写下有助于实现这一重要目标的一些具体目标。四周后,遵循这个时间安排的学生汇报说,他们的生活更平衡,也更幸福了。

你怎么安排时间?

你实际安排时间的方式和你想安排时间的方式有很大差别。如何实现二者的完美结合取决于你的价值观和目标,当然也会随着你的生活进程而发生改变。如果你初入职场,有雄心壮志,通常会把更多的时间用于工作,而给朋友和家庭的时间相对较少,这也在情理之中。如果你家孩子小,你可能想花更多的时间与家人在一起,而不是待在办公室工作。考虑当前的需求,重要的是,要尽量优先考虑那些能让你更接近你最珍视目标的事情。弄清楚你每天一般如何利用时间意味着良好的开始。

下表列出了生活的 10 个方面，你有 24 个小时的时间可以分配在这 10 个方面。要完成这项任务，首先想一想你目前每天是怎么安排时间的。接下来，写明你最希望怎么分配时间。

事项	你是如何分配时间的？	你计划如何分配时间？
睡觉		
接受某种形式的教育		
主要工作		
家务（如做饭，打扫卫生，修缮，买菜等）		
志愿活动（做社区工作或服务）		
放松活动（做运动，看电视，玩游戏等）		
通勤（为工作或上学花在路上的时间）		
维护关系（与朋友、伴侣或家人在一起的时间）		
照顾自己（锻炼，吃饭，洗漱等）		
精神生活（参加宗教或灵修活动，冥想）		
其他（添加一个事项）		
总时长	24	24

如何创造更多时间？

如果你和大多数人一样，你会发现理想的时间分配和实际的时间分配之间存在出入。比如说，你花在工作上的时间可能超过理想预期。2014年心理健康基金会在英国进行的一项调查显示，高达58%的员工表示他们在长时间工作时感到烦躁，34%的人感到焦虑，27%的人感到情绪低落。我们都无法躲开压力和责任，但通过精心的自我管理，运用一些生活小窍门，可以争取把更多的时间用于实现你珍视的目标。

试试下面的方法，开始自我管理时间。

1. 学会拒绝。这可能是最难做到的事情之一。像许多学者，尤其是女性学者一样，当别人请求我审阅文章、指导学生、担任部门行政职务、审查研究资助机构的拨款申请、举办讲座、提供专业建议、担任面试组成员、加入大学的各种委员会时，我总是无法拒绝。诸如此类的请求数不胜数。如果你从不拒绝，就会不停有人请求你，你很快就会被这些不属于你核心工作的事情压得喘不过气来。毫无疑问，这会让人感到沮丧、压力倍增、怨气满腹。所以，要学会说"不"。你没必要表现得无礼，也不必给出推辞理由，只需要表明自己没有足够的时间。当有人请求你做事时，不要不假思索马上回答。告诉他们你会稍后给答复，给自己一些思考空间，考虑这个要求是否会占用太多时间，是否符合你的目标。如果没有接受请求的绝佳理由，就要礼貌地拒绝。

2. **工作要多花心思，而不是多花时间**。妥善安排时间的优先次序会提高效率。因此，避免在同一时间处理多个任务——你现在应该知道任务切换有多费劲。你可能会觉得自己完成了很多工作，但这只是一种错觉。按照我们前面提到的建议，每天只专注于两三项任务，不要再做任何添加，严格遵循时间安排。我曾指导过一位主管，他意识到他的大部分时间都被某位健谈的同事占用了。他的解决办法是，每周两次与这个人见面喝咖啡，每次15分钟，在这段时间内给予对方充分的关注，同时礼貌而坚决地表明，在他们下次见面前自己需要专注于其他事情。虽然这实践起来并不容易，但只要你清楚自己的界限，表明自己的时间安排，别人往往会尊重你的选择。

3. **远离电子邮件**。不要在晚上查看工作电子邮件。此外，还要设定上午和下午处理邮件的时间，查看完消息之后关闭通知提醒。相信我，这会为你节省很多时间。

4. **下班后不再工作**。无论你是居家办公还是在办公室工作都要确保一天的工作有明确的结束点。让这个点具体化。比如说，关闭电脑，清理设备迎接次日工作，或者列出下一工作日早上要做的首要事项。然后，彻底下班。最好在这个时刻和你的家庭生活之间插入一段空当——一个充分的休憩。这一点我们在前文提到过。

5. **降低完美主义预期**。对许多人来说，追求完美会降低效率，导致幸福感下降。虽然我们都想把工作做好，但有时我们必须接受事实，鉴于我们的时间和精力有限，有些事情已经做得够好了。我曾经和一位记者出席过一场活动，有人问他如何看待别人说"要是我负责这个专栏，可能比你写得更好"。"他们或许可以写得比我好，"这位记者回答，"但他们能坚持每周、每月、每年都做到吗？"

改变看问题的角度

在巴黎，我最喜欢的地方是奥赛博物馆。这里印象派杰作琳琅满目，即使被印在明信片上多达数百万次，它们的魅力也丝毫不减。在所有的画作中，我最喜欢莫奈的《阿让特伊帆船赛》（*Régates à Argenteuil*）。步入这幅巨作的展厅，波光粼粼的塞纳河便映入眼帘，阳光在河面上舞动着，水面似乎也泛起了涟漪。但是，当你走近这幅画时，画上的一抹抹色彩似乎变得支离破碎，光线在水面上的舞动也随之消失。只有当你退后时，那神奇的场景才会再次出现。

这个简单的体验告诉我们，我们对事物的看法取决于我们所站的位置。这同样适用于我们在个人生活和工作中做出的复杂决定。有时，即便是稍微改变看待事物的角度，也能发现新风景，并使我们的大脑探索更多可能性。

如何转变谈判局势

1962年10月,正值古巴导弹危机千钧一发之际,苏联部长会议主席尼基塔·赫鲁晓夫给美国总统约翰·F.肯尼迪写了两封信。这两封信口吻迥异:第一封信语气温和,第二封信却语气强硬,坚称除非美国从土耳其撤出核武器,否则苏联不会从古巴撤出核武器。肯尼迪总统与他的智囊团在椭圆形总统办公室讨论后,得出结论:美国只有两个选择,要么从土耳其撤出核武器,以换取苏联让步,要么不日对苏联发起核战争。然而,出乎所有人的意料,一向在此类讨论中沉默不语的高级顾问卢埃林·"汤米"·汤普森直言道:"我不同意,总统先生。"他建议总统回复那封语气更为温和的信件。他坚信,如果舆论认为是苏联"拯救了古巴",那肯定能说服赫鲁晓夫撤回核武器。

汤普森确实很了解苏联人的心理——他曾担任过美国驻苏联大使,在莫斯科任职期间与尼基塔·赫鲁晓夫建立了独特的个人友谊。美国国务卿迪安·腊斯克将汤普森称为"我们房间里的苏联人"。因此,在汤普森的建议下,肯尼迪提出,如果苏联撤走武器,美国将承诺永不入侵古巴。赫鲁晓夫做出了让步。这笔交易使他得以自诩拯救古巴于水火之中,进一步巩固了自身权力,挽回了面子,从而实现了自身的核心利益。

汤普森站在赫鲁晓夫的角度看问题,使美国在谈判中获得了强大的优势,并在那天帮助拯救了世界。这种改变视角以适应形势的能力是思维灵活的一个基本要素——C（改变看问题的角度）。只有知彼知己，你才能灵活地挑战或改变你看问题的角度，从而使你在任何商业、政治或个人谈判中获得成功。

换位思考与共情

从他人角度看待世界的能力被称为"换位思考"。人们经常把它与共情混为一谈，但它们不是一回事。共情是指能真正感受到别人的痛苦或情绪反应。相比之下，换位思考是从个人利益出发来看待他人立场的能力。这种能力使你能够跳出自己的偏差参考框架并在竞争环境中制造平衡，营造一种公平感。

当然，共情很重要，它通常是我们学会换位思考的第一步。我毫不怀疑汤米·汤普森能对赫鲁晓夫感同身受，这使他能够从苏联人的角度看问题。但是汤普森并没有让共情影响他的判断力。过多的共情会导致以牺牲自身利益为代价来优待他人，并可能不利于在竞争性谈判中达成共识。因此，从成功的谈判技巧来说，换位思考比共情更重要。

你能做到换位思考吗？

要想知道你在换位思考和共情方面的能力，请回答下列问题。仔细考虑每项问题的描述，并在以下等级中选择适当的数字。

> 0 = 这根本不像我
> 1 = 我偶尔会这样
> 2 = 我有时会这样
> 3 = 我经常会这样
> 4 = 我几乎一直都是这样

1. 别人干事不顺，不会真正困扰我。
2. 我知道我很幸运，我同情那些不幸的人。
3. 在做出决定之前，我尽量考虑每个人的观点。
4. 当旁人遇到问题时，我不会过度担心。
5. 为了更好地理解朋友的感受，我努力想象他们如何看待问题。
6. 我经常保护弱势群体。
7. 我很难从旁人的角度看问题。
8. 如果我相信自己正确，我认为倾听别人的意见只是浪费时间。
9. 在别人遭遇偏见时，我深表同情。
10. 我是一个非常温柔且富有同情心的人。
11. 我的所见所闻，会让我感同身受，不能自已。
12. 我总会尝试发现论点的各个方面。
13. 当我必须给某人以负面的反馈或批评时，我尽量先设想一下他们的感受再告诉他们。

14.当有人冒犯我时,我会尝试从他们的角度来看问题。

算分方法:

对于以上问题,每个问题的得分为 0~4 分。需要注意的是,第 1、4、7 和 8 题为反向得分,如果你得了 4 分,就给自己记 0 分,如果你得了 3 分,就给自己记 1 分,以此类推,如下所示:

4=0,3=1,2=2,1=3,0=4。

现在把问题分成两组,每组七个问题。

换位思考方面所得分数:把第 1、3、6、8、11、13、14 题的得分相加。

共情方面所得分数:把第 2、4、5、7、9、10、12 题的得分相加。

你会算出每个维度的总分在 0 到 28 之间。

* 0~9 分属于低分段
* 10~18 分属于中等分数段
* 19~28 分属于高分段

大多数人在共情和换位思考上的得分都属于中等分数段。看看你的分数是否在共情和换位思考方面有所不同会很有趣。如果你在两方面的得分都很低,这会告诉你哪些是你可能要努力提高的地方。分数本身并没有好坏之分，它在很大程度上取决于场合。但是，了解你在这两个方面得分高低可以提醒你在特定情况下的潜在危险。譬如说，如果你在共情方面得分很高，那么在艰难的谈判中，你可能需要把共情程度降低一点，注意要提高你的换位思考能力。但如果刚刚得知朋友的坏消息，你可能就要提高共情力。

如何做到改变看问题的角度

改变视角，从不同的角度看问题可以改变一个人思考问题和做出决策的方式。我们在生活中经常陷入困境，原因是我们一般只从单一的角度去评估形势。如果你养成从不同角度看问题的习惯，这会真正帮助你在思考和解决问题时变得更加灵活。你就能够创造一个属于自己的空间，去考虑新的想法和可能性。试试下面的建议，可以帮助你改变看问题的角度：

1. 从不同的角度看待问题。 从你目前遇到的问题开始，可以是工作或个人生活中要做出的一个重要决定，试着想出解决这个问题的四个备选方案。让我们想象一下，你找了一份新工作，但很快意识到这不符合你的预期。与其抱怨并因这个决定而生气，不如问问自己，这种情况好的方面是什么？是否会有意想不到的益处？你可以针对目前的职位做出任何改变并使其为你所用吗？是否有可以协商的余地？你能适应并看到这份工作的积极作用吗？

2. 有时候，只需改变问问题的方式就足够了。你问问题的方式决定了你寻找答案的方向。因此，与其问"我如何才能停止超负荷工作并缓解压力？"不如问自己"我怎样才能获得更多的休闲时间？"

3. 培养乐观精神。我们可以依靠与生俱来的乐观倾向。你可能会惊讶地发现大多数人都对自己的生活持乐观态度。例如，美国的一项研究发现，即使在新冠大流行期间，人们都乐观地认为自己可能不会感染新冠，同时悲观地认为其他人可能会被传染。请记住，乐观并不一定不现实。那些我称之为"乐观的现实主义者"的人，他们用乐观的眼光看待未来，同时深知人生沿途会有很多挫折和失败，所以达到了健康的平衡状态。乐观主义者不会忽视生活的压力，他们只是以更有成效的方式面对逆境。当问题出现时，乐观主义者不会责怪自己，不会觉得问题会永远存在，他们从挫折中寻找学习的方法。我们都可以改变自己看问题的角度，变得更乐观。尝试在困境中寻找积极的一面，让你的周围充满积极而不是消极的人或事物。我们都知道，负面情绪一般会通过社交媒体传播，所以如果可能的话，请远离社交媒体。当然，完全避开新闻是不明智的，但要尝试限制你的"末日滚动"时间，这可能会对你的健康幸福造成影响。此外，想想你大部分时间都和谁待在一起。他们是让你充满活力还是让你心力交瘁？与那些有正能量的人交往会让人更乐观。

4. 心态训练。想法打破某些特定的思维循环，专注当下，会帮助我们从不同角度看问题。经常——至少每天一次——尝试将注意力转移到当下。可以花点儿时间专注于呼吸，或真正注意到某些东西的味道和气味，或倾听你周围发生的事情。让这类练习成为一种习惯，因为这是提高思维灵活性的好方法。

5. 阅读小说。阅读小说也是转变看问题角度的好方法。阅读让你有机会接触到许多不同的生活。读小说可以与书中人物产生共鸣，让自己沉浸在他们的世界里，你可以开始经历他们的生活。虚构的人物使我们能够体验换位思考的真实感受。这可以提高我们的共情能力，增加看问题的角度。科学也证明了这一点。研究表明，在内心勾画小说的方方面面，比如人物和场景是什么样子的，会大有裨益。我们将其称为"大脑中的飞行模拟器"。正如飞行员可以在不离开地面的情况下提高飞行技能一样，我们也可以通过这种方式来提高从不同角度看问题的能力。

6. 问问其他人会怎么做。你也可以尝试一下我设计的一个简单游戏。该游戏非常有趣，可用来想象其他人会尝试用什么方式来解决你面临的问题。将六个你敬佩的人的名字分别写上 1 到 6 这几个数字。这些人可以是你认识的人，也可以是名人，甚至是虚构的人物。然后掷骰子，骰子点数对应到谁，你就在接下来的一个小时内站在他的立场去思考问题，以他们的视角看待这个世界。哈利·波特会怎么做？你最好的朋友会怎么处理这个问题？米歇尔·奥巴马会如何处理这个问题？经常练习，你会习惯从不同的角度看问题。

发展心理能力

2003年2月，摇滚乐队大白鲨（Great White）乐队在罗得岛州西沃里克车站夜总会举办音乐会，有400多人参加。开场歌曲伴随着壮观的烟火表演。几分钟后，因为舞台上方的易燃泡沫被点燃，火焰蔓延到天花板和舞台附近的隔音板。没有人意识到火势已经失控，大家都以为这是表演的一部分。

几分钟内，火势迅速蔓延，滚滚浓烟吞噬了整个大厅。夜总会人满为患，场地和乐队经理没有遵守规定，有许多违规行为。人们在恐慌到来后的反应方式给了我们一个沉痛的教训，让我们认识到处于压力之下时心理过程的重要性。数百人试图通过夜总会的前门逃离，因为他们就是从前门入场的。这是一个毁灭性的错误。可悲的是，其他三个入口是完全畅通的，但大多数人在恐慌中没有考虑回头看看，而是不顾一切地往前挤，这是一个灾难性的错误。他们遵循自然本能反应随着人流走，而不是想办法寻找最佳出路。随后人群蜂拥，使得通往前门的狭窄通道出现一片拥挤，迅速堵住了门口，造成多人伤亡。

更可悲的是，这家夜总会令人心碎的火灾案例并不是个案。在飞机紧急迫降或火灾中的遇难者经常是因此而丧生，因为他们都试图从来时的入口逃生。

我们的心理能力归根结底是心理学家所说的"执行功能"。这是基本的认知生存技能，可以帮助我们评估和应对任何情况，并在出现问题时想出办法——在这个案例中，就是找到逃生路线。

什么是执行功能？

执行功能是心理能力的基础，它们对人在压力下的表现至关重要。多年来，我一直在研究如何识别并训练顶尖运动员的这些关键心理因素。当然，执行功能在日常决策中也很重要，它们由以下三个关键因素组成。

- **抑制控制**：这是一个比较笼统的术语，包括抑制冲动或习惯行为的能力，也包括抑制无关信息的能力，这样我们才能够专注于相关的事情。在火灾发生时，内部压力使人按习惯或冲动行事，向进来的入口跑去。但我们需要抑制这种本能，以找出是否有更好的逃生通道。抑制控制在体育运动中至关重要。例如，在移动很快的足球比赛中，中场球员可能需要同时关注许多事情——球的轨迹、前锋的移动、后卫的移动、守门员的位置、能够传球的空当——与此同时，他还要抑制注意力向与比赛无关的其他方面转移。很明显，这是一个动态过程，因为与比赛相关的内容，每时每刻都在变化。
- **工作记忆**：这是在大脑中储存并不断更新信息的能力。例如，听一个故事并记住不同的事件都依赖于工作记忆。它对于帮助我们在压力下做出决定尤其重要。回到足球的例子，工作记忆可能涉及把教练的指示转化为比赛计划，需要记住新的信息并进行融合，还需要（尤其是在压力下）考虑替代方案。工作记忆和抑制控制往往相辅相成。记忆元素更新高度关联的信息，而抑制过程则抑制不直接相关的信息。
- **认知灵活性**：我们已经在上一章详细讨论了认知灵活性。很显然，保持认知灵活性至关重要，这样才能适应新环境，并利用突如其来的机会。认知灵活性技能是那些以大脑为基础并可以促进认知灵活性发展的执行功能。举例来说，如果你的球队突然减少到 10 名球员，或者比赛进入加时赛，意外多出 10 分钟时间，你会怎么做？又或者对方少一名球员，你会怎么做？这是一种快速调整并适应新环境的能力——与思维僵化正好相反。思维僵化是指即使情况发生了变化，仍盲目坚持比赛计划。

执行功能对思维灵活性至关重要。发展三种执行功能——抑制控制、工作记忆、认知灵活性——对于时间规划、集中注意力、调节冲动、记住一天中晚些时候必须做的事情，以及出色完成多项任务都必不可少。当然，这三种执行功能也是"应对力"第一大基石——思维灵活性的基础之一。

这些基本的心理技能——执行功能——对我们一生中的许多情况而言都不可或缺。事实上，对儿童的研究表明，在预测未来生活能否成功时，拥有良好的执行功能比一般的智力或社会经济背景重要得多。

就像一个企业需要在基础设施上投资，以便在需求变化的情况下能够迅速做出反应一样，投资于心理基础设施也是如此。在心理基础设施方面的投资，也就是在你的执行功能方面投资，是要付出代价的。你需要时间和精力来充分开发心理资源——执行功能——才可以促进思维灵活性。

前瞻性计划是支持执行功能的一种方式。在罗得岛州那家夜总会发生火灾后，得克萨斯州消防局长办公室提出了"安全出口计划"的倡议。该倡议鼓励人们去到每家酒吧或俱乐部时都至少要掌握两条逃生路线，要人们明白最佳逃生路线可能不是进来时的路。由于这次火灾，我们才对人的下意识反应有这样的认识。

如何提高执行功能？

我的研究团队还研究了是否可以通过简单的电脑游戏改善工作记忆和抑制控制。因为没能满足大众期待，大脑训练游戏在媒体上名声不好，这种谨慎颇有道理。虽然在大量练习后，玩家在游戏中的表现往往会有很大的提高——这一点并不奇怪，但大多数人在其他方面似乎没有什么改善。心理学上的"远迁移"在其他生活场景中并未有所体现。

但工作记忆和抑制控制是帮助我们应对复杂的、充满压力的情况的重要能力。执行功能越强，我们就越能灵活应对任何情况。其中一个好处是帮助我们抑制不必要的分心。因此我们认为，通过改善工作记忆应该能够帮助人们摆脱忧虑和紧张时那些反复出现的负面言语。

我的研究团队设计了一个简单的电脑游戏，尝试改善工作记忆和抑制控制。在游戏中包含一个3乘3矩阵，在矩阵的不同位置会接连出现一系列字母。字母K可能会出现在屏幕的左上角，停留几秒钟，紧接着字母B出现在左下角，接着字母P出现在右边居中位置，以此类推。人们必须记住前一个字母的位置。因此，在上面的例子中，当你看到左下角的B时，你必须指出K的位置；当你看到P的时候，必须指出B的位置。一旦游戏者掌握了窍门，游戏就会增加难度：接下来，必须指出前一个字母之前的字母的位置，所以要记住前面两个字母的位置。一旦你掌握了记住前两个字母的位置，它就会要求你记住前三个字母的位置。游戏一直继续，直到参与者开始不断出错。几个小时的练习过后，被试者通常可以记住前三或四个字母的位置，一些工作记忆强的人可以记住五个！

我们想知道像这样的训练是否有可能帮助高度焦虑者管理他们

的痛苦想法。我们招募了一大群自认为是"高度焦虑者"的人，让他们每天玩大约40分钟工作记忆游戏，至少持续八周。在几周的居家训练之后，每个人都回到了实验室检测其焦虑程度是否有所改善。结果令人鼓舞。我们发现工作记忆有较大提升的高度焦虑者能更好地控制焦虑。虽然这些改善并没有改变生活，但那些改善了工作记忆的人会设法从反复的焦虑中解脱出来，大脑更灵活了。

我们还使用电脑游戏来测试和解决冲动控制问题。在一项研究中，我们选择了一些志愿者，有些人暴饮暴食，另一些人能够控制饮食。我们要求每个志愿者对各种图片做出反应选择。如果一张图片周围有绿色边框，他们必须按下一个按钮——我们称之为"选择"的反应——如果图片周围有红色边框，他们必须抑制反应，做到"不选"。游戏诀窍在于，含糖和脂肪的食物——巧克力蛋糕、薯片等——的图片都是"不选"项。这样做的目的是训练大脑抵制诱人的食物，帮助暴饮暴食者更好地控制他们的冲动。当健康的沙拉或水果出现时，就会出现绿色边框，鼓励志愿者做出"选择"的反应。如果暴饮暴食者持续几个星期这样做，他们不假思索地吃不健康食物的习惯就会有所改善，并逐渐学会更好地控制自己的饮食习惯。

如何在日常生活中提高执行功能？

一些日常练习也可以增强类似的心理技能。试着把诱人的食物比如一块巧克力放在冰箱里，巧克力周围放上更健康的食品，然后告诉自己，你可以在某一天或者在某个时间吃巧克力。每次打开冰箱，你可以看一下这个美食，也许还可以拿起来闻一闻，然后把它放下，选择一种更健康的食品。经常这样做可以增强你的心理控制能力，让你不再冲动行事。这中间可能会有一些周折！但随着时间的推移，你会学会如何更好地控制自己的冲动。

参加体育活动、学一种乐器或一门外语也可以直接获得一些关键的心理资源，这些资源是帮助你在危机中控制自己所必需的东西。荷兰的一项研究对一大群六岁儿童开始了为期两年半的跟踪调查。其中有两组儿童定期上音乐课，一组上视觉艺术课，而对照组没有艺术课。与其他儿童相比，学习音乐的儿童在执行功能方面有更大的进步。这项研究结果表明，执行功能可以从音乐教育"远迁移"到取得良好的学习成绩，这种现象令人难以捉摸。

要提高应对力的第一大基石——思维灵活性，就必须把它的四个不同的组成部分 ABCD 四要素结合起来。虽然每个要素都能独立起作用，但只有当所有四个要素结合在一起，我们才能够适应、平衡，能够改变看问题的角度，并在心理上做好准备，我们的思维才能真正变得灵活。

本章小结

- 思维灵活由四个关键部分（即思维灵活性的 ABCD 四要素）组成。我们要适应不断变化的需求，平衡相互矛盾的欲望和目标，改变看问题的角度，还要发展心理能力。
- 对适应新情况持开放心态尤为关键。
- 找到平衡生活的方法，确保时间安排与主要目标相一致。这一点对于培养思维灵活性至关重要。
- 找到改变自己看问题角度的方法可以开阔思维，为更灵活的思维模式奠定基础。审视自己的信念和阅读小说只是帮助你从不同角度看问题的两种方法。
- 思维灵活性需要能量，因此要建立起自己的抑制控制、工作记忆和认知灵活性等心理资源库。这些心理资源能够帮助你发挥出最佳水平。

应对力的第二基石

自我意识

第8章
认识自我

古希腊格言"认识你自己"是刻在德尔斐阿波罗神庙石柱上的《德尔斐神谕》中的第一句(另外两句是"凡事勿过度"和"承诺带来痛苦")。这古老的智慧至少可以追溯到公元前4世纪神庙初建的年代。

这句格言极为重要,地位很高,几乎每一个伟大的哲学家都探讨过其含义。在柏拉图的《斐德罗篇》中,苏格拉底用"认识你自己"来解释他为什么不愿意理性地解释神话或其他思想成果。"我还不能做到德尔斐神谕所告诫的'认识你自己',只要我还处在对自己无知的状态,要去研究那些不相关的事情那就太可笑了。"

塞缪尔·泰勒·柯勒律治在他的诗作《认识自我》中提到,这句格言被称为"古时候最重要的天启格言!"本杰明·富兰克林在他的《穷理查德年鉴》中承认了认识自我的难度,"有三件东西非常难啃:钢、钻石和认识自我"。

事实上，这句格言的出现甚至早于古希腊时期。公元前5世纪，中国哲学家兼军事家孙子在他的经典军事专著《孙子兵法》中给出了"知彼知己，百战不殆"这句箴言，大概意思是"如果对敌我双方的情况都能了解透彻，打起仗来百战都不会有危险"。

有自知意味着我们知道自己的想法、情绪和行为，以及它们可能对他人造成的影响。如果我们有高度的自我意识，就能更好地反思怎么能做得更好，在哪些方面可能需要调整。这意味着，我们的自我意识越强，就越能变得更灵活。这就是为什么说自我意识是应对力的第二大基石；因为只有了解自己的价值观、目标和能力，才能真正灵活应对任何情况。这样看来，应对力的第二大基石——自我意识，或"认识自我"——强化了第一大基石。

但是，我们具体如何才能做到"认识自我"？认识自我真的像本杰明·富兰克林担心的那样困难吗？

幸运的是，现代科学可以解答这两个问题——还都是好消息。我们可以通过熟悉并悉心监测个人内部身体状态，从生理上"认识自我"。我们可以通过准确评估独特的个性风格，从心理层面上认识自己。我们的个性反映了个人基本习惯，即我们的思考、感受及行事方式。与短暂的情绪波动不同，人格特质往往在不同的环境中一直保持一致。

我的人格属于什么类型？

让我们从人格说起。我公公是一个厚脸皮的伦敦市场交易员，有点儿像英国长篇情景喜剧《只有傻瓜和马》中的德尔·博伊。他经常想出各种有趣的谚语，但有一句话让我印象特别深刻："你总是能通过观察其人格了解这个人的为人！"我们第一次见到一个人的时候，我们往往会从他们的性格中感受他们是谁。他开朗外向吗？他看起来思想开明吗？他是否认真负责？从古至今，人们普遍认为每个人都有一些性格特质持久不变。如果社交媒体上的测验有用的话，我们许多人都很关注这个问题："我是哪种类型的人？"我们问这个问题的真正目的是想知道："我的人格是什么样的？"

尽管有很多方式来解释人格，但一般来说，人格指的是一些个人特征，这些特征让我们感觉到人在不同环境下可能的感受、思考和行事方式。想一想你认识的一些人。他们开车发生小剐蹭时如何应对？如果失业了，他们会有什么反应？如果彩票中奖了，他们会怎么做？我赌你可以根据他们的个性做出准确的推测。人有时确实会做出令我们意想不到的事情，但总体来说，他们的行为方式比较稳定。我们的大脑渴望这种对他人的了解，因为这会确保我们知道朋友、同事或陌生人在不同情况下可能会有什么反应。这种了解被称为"陌生人心理学"，它指的是在人格特质的层面上对一个人，甚至是对你自己的了解。它被称为"陌生人"心理学，是因为人格特质不一定能告诉我们一个人的核心信仰和价值观,我们将在下一章中探讨这个话题。"陌生人心理学"更多的是告诉我们一个人在思维、感觉和习惯方面的一致性信息。

如何衡量一个人的人格?

那么,捕捉我们人格特质的最佳方法是什么呢?识别人格的主要方面在心理学研究中有着悠久的历史,很多人试图把人归入不同的"类型"。其中最著名的是迈尔斯-布里格斯(Myers-Briggs)测试。招聘公司根据迈尔斯-布里格斯指标将人分为不同的"类型",赚取了数百万美元。值得注意的是,《财富》评选的世界500强公司中有80%的公司使用该测试将员工安排到合适的工作岗位。该测试试图帮助人们基于四种"性格取向"了解他们的性格类型,这四种性格取向是:内向型与外向型,直觉型与感觉型,理性型与感性型,判断型与知觉型。

许多人没有意识到,迈尔斯-布里格斯测试是80多年前,在心理学成为一门实证科学之前开发的,其开发者是教师凯瑟琳·布里格斯和她身为小说家的女儿伊莎贝尔·布里格斯·迈尔斯,她们都没有接受过任何正式的心理学训练。该测试有很多问题,心理学家往往对其持高度怀疑态度。事实上,心理学家经常在社交媒体上分享的一个圈儿内段子是:"迈尔斯-布里格斯测试是那些在领英注册过的人的占星术"。首先，如果你多次参与测试，很可能会得到不同的答案，所以有人认为用它评估稳定的性格特质不可靠。但该测试更大的问题是，它把人分成黑白分明的单一类型，如"理性型的人"或"感性型的人"，而实际情况是，我们每个人都不同程度地和各种类型沾点儿边。通过这种方式将人归类，实际上是将彼此之间相似性远大于差异性的人分开了。然而，人们喜欢做这种测试，找出自己所属的"类型"，也许是因为尽管心理学家并不十分看重这个测试，但它对开启自我探索有所帮助。

人格特质谱系

几十年来的科学研究得出的最新共识是，人格最好能用谱系反映出来，而不是将人格分成不同的类型。研究发现，有五个广泛的维度或"特质"（通常被称为"大五人格"）涵盖了人格的整体性。每一个维度都在谱系上从低到高被测量：开放性（Openness to experience）、责任心（Conscientiousness）、外倾性（Extraversion）、宜人性（Agreeableness）和神经质性（Neuroticism）。（这五个词的首字母缩写为 OCEAN，非常好记）。

为了了解你在这些核心要素或人格特质方面的表现，请尝试回答下面的问题。对于每个问题，根据下面的量表给自己打分（1~7 分）。

1 = 非常不同意

2 = 较为不同意

3 = 稍微不同意

4 = 既不同意也不反对

5 = 稍微同意

6 = 较为同意

7 = 非常同意

我认为自己：

1. 性格外向、热情

2. 吹毛求疵、爱争吵

3. 可靠、自律

4. 焦虑、容易不安

5. 对新的经验持开放心态、感受丰富

6. 内敛、安静

7. 富有同情心、热情

8. 杂乱无章、粗心大意

9. 平静、情绪稳定

10. 传统、没有创造力

怎么计算得分：

在每个问题上可以得 1~7 分。首先，计算出 2、6、8、9 和 10 这几个问题的反向得分。就是说，如果你得了 7 分就给自己记 1 分，如果你得了 6 分就给自己记 2 分，以此类推，如下所示：7 = 1，6 = 2，5 = 3，4 = 4，3 = 5，2 = 6，1 = 7

现在计算出你在每个维度的得分。

开放性：问题 5 的得分加上问题 10 的得分

责任心：问题 3 的得分加上问题 8 的得分

外倾性：问题 1 的得分加上问题 6 的得分

宜人性：问题 2 的得分加上问题 7 的得分

神经质性：问题 4 的得分加上问题 9 的得分

对于每个维度，你应该有一个 2~14 分的得分。每个维度的总体评估如下：

* 2~6 分属于"低"
* 7~10 分属于中"等"
* 11~14 分属于"高"

这些结果很容易理解。比如，你在开放性方面的得分是指你的精神生活和经验的深度和复杂性，通常反映出你是否愿意尝试新事物，探索新地方和新想法。责任心反映了你勤勉刻苦，愿意做好工作的程度,这一特质与你的韧性和毅力密切相关。外倾性揭示了你喜欢交际和外向的程度。如果你是内向的人——你在外倾性这个维度的得分低——你更有可能主要从独处中而不是从他人那里获取能量。宜人性是指你关注"对人友好"和不得罪他人的程度。神经质性是指你在多大程度上容易感到焦虑、担心、自卑和抑郁。

　　了解一个人的人格是了解其可能性和倾向性,结果不应该黑白分明、完全确定。虽然性格特质并不能像生活经历那样提供丰富的背景故事,但这一层次的理解对加深自我意识非常重要。了解你的典型特质或者"风格"(我个人喜欢用"风格"一词)会怎样影响你在不同情况下的反应,这非常重要。比方说,如果你生性内向,在外向性方面得分很低,你就不可能在一个高度刺激的环境中做出出色的应对。你也许会从独处或者从与三两好友的社交活动中,或者从温馨的晚餐聚会中汲取更多的能量,喧闹的聚会不适合你。

　　对于应对力来说,最重要的人格特质是开放性。如果你在这方面得分较低,你很可能更喜欢循规蹈矩,对不确定性感到特别不舒服。坚守信念会让你有安全感,因此,你可能特别抗拒变化——可能有思维僵化的风险。如果你是这样的,可以一点点做出改变,让自己更具开放性。也许你可以从质疑权威人物做起,不再一味接受现状,而是问问自己是否有另一种行事方法或思维方式。我知道这并不容易,但迈出第一步会很有帮助。要更乐于尝试新感觉和新想法,向他人看齐,并尝试模仿他们,这样做至少会在一定程度上有所帮助。更开放的人通常兴趣广泛，适应能力强，求知欲旺盛，容易感到无聊。他们经常内省，愿意探索他们的内心世界和外在世界。他们有创造力，喜欢不确定性，能够以非传统的方式行事。请记住，性格特质没有"对"或"错"之分，但你会发现，越具开放性越容易适应变化。

不过，重要的是要记住，这些特质可以调整，可以改变，不会一成不变。虽然我们有强烈的偏好，这在我们的个性特质中有所体现，但如果有需要，要学会调整自己的基本偏好。比方说，我天生内向，但我学会了在公开演讲或节庆活动演讲时表现得非常外向。

思想谦逊

开放性方面得分较高，意味着你喜欢寻求新体验。开放性一个经常被遗忘的方面是能接受自己的信念和观点可能是错误的，也愿意接受有时候应该改变自己的想法。愿意重新考虑自己的观点就叫"思想谦逊"。我们还是刚刚意识到这种倾向在我们的心理健康中所发挥的重要作用。研究已经证实，那些在思想谦逊方面得分高的人确实更容易接受其他人的观点，并且更愿意在任何特定问题上考虑一系列的可能性。这当然是思维灵活的关键。我们大多数人都容易高估自己在任何特定领域的能力或知识。例如，2018年的一项调查发现，近80%的人认为自己比大多数人更"思想开放"，也许更令人担忧的是，只有不到5%的人认为自己"思想封闭"。

心理学家将思想谦逊分解为三个关键因素：

- 尊重他人的观点
- 能够将本人的自我与智力分开
- 如果有新的证据表明自己的观点是错误的，愿意修改自己的观点

那些愿意承认自己可能错了的人，往往比那些拒绝承认会犯错的人更快乐和健康。鉴于思维习惯的这种相对一致性，有人建议将思想谦逊作为人格的第六个维度。因为人格有了六个维度，所以被称为"大六人格"而不是"大五人格"。

思想谦逊是可以培养的——但困难重重！

思想谦逊不会自然而然地出现在我们身上，因为许多心理机制，如认知的不灵活性，会对我们培养谦逊的思考方式产生影响。即使是受过训练、会不断质疑一切的科学家，也往往极不情愿改变自己的信念，放弃他们已经研究多年的理论。如果你投入了大量的时间和精力去支持某个特定的信念体系或有影响力的理论，就很难承认你可能搞错了。

著名的社会心理学家约翰·巴奇在1996年与同事进行了一项研究。他们发现，仅仅是阅读与老年人有关的文字，就会使年轻的研

究被试者在离开测试室时比平时走得慢。看起来在年轻人的大脑中注入老年人的想法似乎减缓了他们的动作。这项研究迅速成为经典，它吸引了媒体的广泛关注，并引发了一个有趣的想法：只要给人灌输老龄化的刻板印象，就可以导致人的行为方式与该刻板印象一致。

时间快进到 2012 年。一群在比利时首都布鲁塞尔的心理学家试图用更多的被试者和更精确的步行测量方法来复制这一经典研究。研究被试者人数更多，对行走速度的测量也更精确。他们无法重现原来的结果。相反，他们发现只有当测试者（即那些主持实验的人）知道哪一组人已经被提示词刺激时，被试者才会走得慢，所以测试者本身有倾向性，他们预测被试者会走得更慢。比利时科学家总结说，这些结果似乎更多与测试者的思想有关系，而不是与被试者的想法有关。这反映了心理学中众所周知的"期望效应"。这意味着，当某人知道会发生什么时，他们往往会在无意中向他人泄露一些微妙的线索，导致预言会自我实现。

巴奇非常愤怒，他质疑比利时科学家的能力，批评发表这项研究结果的杂志的质量，还斥责一位著名科学记者关于该项新研究的文章"肤浅……是网络新闻"。

当部分构成我们身份的信念受到挑战时，我们会感到不安，并倾向于加倍坚持自身的信念，甚至变得更加抗拒改变。思想谦逊能让我们避免这种心理机制的太多影响。对应对力而言，思想谦逊在以下两个方面意义重大：首先，它能帮助我们发展自我意识（应对力的第二大基石）；其次，它与更高程度的思维灵活性（应对力的第一大基石）有关。比如，一项有趣的研究发现，在"不寻常用途测试"中，那些思想谦逊的人能够想出日常物品更多的可能用途。你或许还记得这是一个衡量认知灵活性——思维灵活性的基础——的方法。

如何对思想谦逊进行评估

你可以回答下面的 9 个问题来了解自己在思想谦逊方面的表现。与大五人格测试一样，针对每个问题给自己在 1~7 分打分。1 代表强烈不同意，7 表示强烈同意。

1. 没有人会指责我发号施令，我可以接受自己犯的错误。
2. 我真的很欣赏极聪明的人。
3. 我不认为改变想法是懦弱的表现。
4. 我很感激能得到他人的反馈，即使这些反馈不是溢美之词也没关系。
5. 如果我对事实一无所知，我愿意坦率承认。
6. 我发现自嘲很难。
7. 如果理由正当充分，我愿意接受他人的劝说。
8. 当有人批评我的思想时，我通常感到非常不安。
9. 当有人不理解我说的话时，我通常认为他们只是不太聪明。

如何算出你的分数：

每个问题你都会有一个 1 到 7 的得分。

首先，计算出问题 6、8、9 的反向得分。如果你得了 7 分就给自己记 1 分，如果你得了 6 分就给自己记 2 分，以此类推，就像以前的问卷调查一样计分。最后的总分应该介于 9 和 63 之间。分数越高，说明你的思想谦逊程度越高。

* 9~21 分属于"非常低"
* 22~38 分属于"低"
* 39~50 分属于"中等"
* 51~57 分属于"高"
* 58~63 分属于"非常高"

如何培养思想谦逊

我们有几种可以提高思想谦逊度的方法。这些方法都是围绕着以下几个方面：采纳他人的意见；质疑我们自身的信念；即使反馈让人痛苦也要对反馈意见持开放心态。没有人喜欢犯错，但有时承认自身错误具有重要意义，会让我们受益良多。

1.**仔细聆听你不同意的观点**。即使你不同意，也不要打断对方，更不要嘲笑表达这种观点的人。

2. 培养成长型心态。思想谦逊可以通过培养成长型心态来提高。成长型心态是指我们的能力不是固定不变的,而是可以通过努力工作和良好的策略得到支持与提升的。如果你对学习持开放态度,你就更有可能承认"人非圣贤,孰能无过"。重要的是,要努力避免认为你在某方面的能力固化不变——相反,要坚持下去,直到你看到进步为止。比如说,如果你觉得自己在演奏某种乐器方面不是特别熟练,继续努力,你会看到自己的技能有所提高。如果能坚持并相信自己能够自我协调,做出改变,你就会培养出成长型心态。

3. 庆祝失败。我知道,这一点说起来容易做起来难。但我们只有在犯错后才能从中学习。所以,当某件事情进展不顺利时,要进行适当的反思。尽可能多认真听取他人的反馈。扪心自问,你是否本可以做些什么来扭转局面却没有做。只有全面接受所有这些信息,你才能真正有所收获。

要有思想谦逊的意识,要明白你可能需要为之奋斗。认识到自己怀有开放的心态和思想谦逊的程度,可以使人根据自身性格对自己的意识水平有很好的了解。这会使你对自己有更深入的了解,并帮助你建立一个更强大的"应对力"第二大基石。

了解我们的身心

仅仅了解个人特质远远不够。"认识自我"远超心理学上的自我评估得到的见解。要真正了解自己，必须了解自己的身心。古希腊人也很清楚这一点。前苏格拉底哲学家恩培多克勒（约公元前494—约公元前434年）首先提出了"四根说"，四根包括：空气、土、火和水。

当然，是希波克拉底（约公元前460—约公元前370年）首先提出了四体液理论：多血质（喜欢社交、活泼外向）、胆汁质（个性独立、坚决果断）、神经质（善于分析、注重细节）和粘液质（性情安静、性格随和）。这四种基本气质是由身体里的液体（或"体液"）的过剩或缺乏引起的。这四种体液的不同组合会影响人的身体健康，并支撑着人类的情绪情感和行为举止。近年来，心理学家和脑科学家更倾向于将性格差异归因于荷尔蒙、神经递质和其他细胞外的化学传递物（不是血液、黑胆汁、黄胆汁或粘液）。但粗略回顾一下本章前面描述的大五人格类型，就会发现希波克拉底与现代理论家的结论非常接近。

尽管在古希腊时代，人有相当多的时间用于思索，自我反省，探究生活中的细枝末节，但可以肯定地说，当代社会的人越来越懒惰。我们中有很少人整天从事体力劳动，数百万人在办公桌前盯着电脑屏幕一连几个小时，然后闲暇时在屏幕前花更多时间，甚至现在连做家务，如做饭和打扫卫生，也不需要像前几代人付出那么多的体力和精力了，因为他们没有我们现在拥有的许多省时的小工具。我记得我的祖母要花几个小时在一个大碗里用手压碎水果来制作果酱——现在功能强大的搅拌机只需几秒钟就能完成。

现在大多数人特意把体育锻炼安排进繁忙的日程当中，而不是结合我们的日常行为自然完成。

我们已经与身体状况脱节了

这种体力上的退步使我们与自己的身体脱节，使我们不能察觉身体不适、疼痛和潜在疲劳症的微弱症状及其扩散迹象。对温度、刺激、瘙痒、触碰、脸红、饥饿、口渴、肌肉紧张和其他一系列身体信号的感知能力构成了身体自我的基础。了解这些来自身体内部的微妙信号是"你是谁"的一个独特组成部分。这种几乎被遗忘的自我意识水平——了解自己身体的真实状况——现在又在心理科学界卷土重来了。

在1884年美国科学心理学诞生之初，哈佛大学心理学家威廉·詹姆斯提出了一个理论，认为情绪出现在肢体反应之后。他颠覆了我们以前对于情绪的看法——詹姆斯认为我们不是因为害怕而逃跑，而是因为我们逃跑才害怕。比如，你看见一条蛇，你的心跳加快并不是因为你害怕，而是看到蛇会让你心跳加速，接着大脑检测到心跳加速，你才开始感到害怕。詹姆斯并没有针对这个有趣的观点提供直接的证据，这个观点多年来在心理学界并没有获得太多关注。现在，有了测量大脑和身体活动的新方法，我们的身体意识对感觉、思考和行为的重要性又成了心理学和神经科学的前沿话题。事实证明，威廉·詹姆斯是对的。

我们现在知道，意识到自己身体内部变化的能力，被称为"内感受"。内感受有助于我们实现更全面的自我意识。你的内感受水平会在一定程度上反映出你在某一时刻被激发和调动的程度。例如，在焦急等待一个重要的工作面试时，人可能都会感受到心脏在怦怦跳。当和朋友一起放松时，就可能完全没有意识到心脏在跳动。除了这两种极端情况，不同的人察觉这些内部信号的能力有天壤之别。内感受能力强与高度焦虑有关联，反过来，那些不善于倾听身体内部信号的人常常很难识别和表达自己的情绪。

这个领域还有许多问题悬而未决，是当代一个令人感兴趣的研究领域。我们依然没弄明白内感受能力强何时能助我们一臂之力，何时又会成为我们的绊脚石。例如，如果我们处于危险境地，能意识到身体内部的恐惧信号有很大帮助，但如果我们要做重要的工作汇报演示，这一点却不是特别有用。

如何测量内感受

多年来，身体感觉一直被置于心理学的次要位置，原因之一是测量身体内部信号极其困难。身体内部信号是自发的，很难预测。我们可以通过一项"心跳检测任务"的技术听到自己的心率。你可以自己尝试一下：闭一会儿眼睛，放松，试着感受自己的呼吸，保持一会儿；然后让你的意识转移到其他不太明显的感觉上，看看你是否能意识到自己的心跳（这个过程可能需要一段时间，而且你可能会在身体的其他部位而不是在胸腔里感受到心跳）；一旦你感受到了心跳，试着数一数心跳的次数；把你对30秒钟或1分钟心跳次数的估计与你的实际心率进行比较，就可以用来粗略衡量我们所说的内感受。

不过，一般来说，我们自己对内部感觉的洞察力并不是衡量内感受的最佳方法，研究人员也正在努力改进这类方法。虽然自我报告衡量法不是很理想，但我确实发现以下问题很有用，可以大致判断一个人感知自己身体的能力。

对于下列问题，给自己打分。然后将这些分数相加，算出总分。总分应该在10~40分。

1 = 几乎没有
2 = 偶尔
3 = 经常
4 = 几乎总是

1. 我可以注意到胃胀气
2. 受到惊吓时，我非常清楚体内发生的变化
3. 看恐怖片时，我能感觉到脖子后面的汗毛都竖起来了
4. 我很容易就能察觉到身体的不良反应

> 5. 在不分心的情况下，我很容易就能注意到自己的呼吸
> 6. 即使琐事缠身，我也能注意到身体的特定部位
> 7. 我可以感觉到自己的心跳强度
> 8. 我可以感受到脖颈和背部的肌肉紧张
> 9. 洗澡时，我感受到水流过全身的感觉
> 10. 我能感觉到手心出汗

得 30 分以上表示你很了解自己的身体信号。而得 20 分及以下则反映出你可能没有察觉到自己的内部信号。分数在 21~30 分为平均水平。

内感受与自我

我们的身体不断向大脑发送有关内部调节状态的信息，如激素水平、血压、体温控制、消化和排泄、饥饿和口渴。事实上，我们现在知道，身体向大脑发送的信号（约 80%）实际上比大脑向身体发送的信号（约 20%）多得多。这意味着大脑是为身体服务的，而不是身体为大脑服务。

在帮助我们辨别自我、他人及其他对象时，这种设置似乎很重要。知道这一点，是因为与我们想到他人及其他对象的时候相比，当我们想到自己的时候，大脑发出的信号让我们心跳加快。换句话说，和有关其他人的想法相比，有关我们自己的想法会带来更

大的生理冲击。诸如此类的研究告诉我们：当我们的身体置于复杂的自然、社会和文化环境中时，我们的意识才能得到最好的解读。现实并不仅仅存在于我们的感知之中，而是通过人体有机物质的不断变动，在我们的大脑中形成的。心跳会告诉我们什么最重要。这与法国哲学家莫里斯·梅洛-庞蒂（Maurice Merleau-Ponty）早在1945年的结论相吻合。他写道："身体是我们感知世界的常用媒介。"

身体信号帮助大脑做出预测。当我们把这一观点与下述观点放在一起时，这一观点就具有了特殊的意义。越来越多的人认为，大脑是一个推理装置，它不断预测外界情况和未来走向。但我们要记住，大脑并不完全受控于周围发生的事情。这些外部信号与身体内部的信号不断结合，便形成了我们对世界的感知。这是一种高度动态、极度活跃、极具预测性的不间断交换活动。

我们的身体信号也能影响我们的感知。这就是为什么当你在深夜看恐怖电影时，吱吱作响的地板会显得更吓人，而如果是听轻松音乐，就不会有这样的感觉。电影引起心率加快，增强了你对危险的预感，因此莫名其妙的响声便成了具有潜在威胁的信号。重点在于，内部身体运作会影响你对世界的感知，这一影响超乎你的想象。

更重要的是，有证据显示身体信号甚至会影响人对种族偏见的表达。在美国，遇到警察时，手无寸铁的黑人被杀的可能性是白人的两倍多。这一统计数字令人沮丧，其潜在原因已经在需要"快速判断"的实验室任务中进行了探究。比如说，被试者会看到在电脑屏幕上快速闪现的照片或视频，里面的人拿着枪或手机，如果该人携带枪支，被试者需要按下"射击"按钮，尽快"射击"这个有威胁的人，如果该人没有携带枪支，则不做任何反应。实验结果基本一致，在白人和黑人都没有持枪的情况下，白人和亚裔被试者更有可能射杀黑人。这是因为他们更有可能将黑人手中持有的安全物品——例如手机或钱包——误认为是枪。

这种下意识的反应似乎在一定程度上受到了体内运作的影响，尤其是我们的心脏跳动的影响。进一步的研究表明，大多数的误杀都发生在黑人影像出现在被试者心脏跳动的那一瞬间。如果开枪与否的判断发生在两次心跳的间隙，那么在识别他们是持枪还是持手机这个问题上，针对黑人和白人对象的结果没有区别。在心脏跳动的那一瞬间，动脉中的特殊感应部位会发出信号来提醒大脑。而在两次心跳的间隙，这些感应部位则保持着安静状态。当大脑收到心脏跳动或心跳加快的信号时，它会马上预测要发生什么，需要做什么来稳定并保护身体。由于潜意识里的偏见，人们往往误认为黑人男子比同等身材的白人男子更高大、更危险。因此，大脑接收到的警报信号（来自心脏跳动），再加上人们对黑人的刻板印象，两者结合起来就增加了人们把安全物品（比如手里拿的手机）误认为危险品的可能性。确切地说，大脑是通过身体来感知世界的。即使是有关种族的刻板印象似乎也受到身体内部运行起伏的强烈影响。

感知是个积极主动的过程

仔细观察下一页的两条横线。你认为哪一条更长？

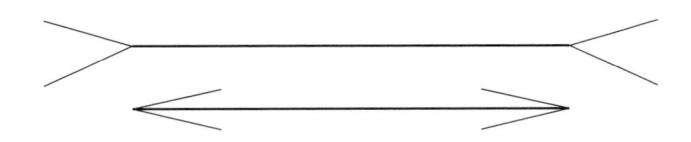

尽管这两条线实际上一样长，对大多数人来说，下面的那条线看起来更长。我早期作为一个心理学本科生在听讲座时就被这个著名的错觉——穆勒-莱尔错觉——所吸引。它以一种强有力的方式向我们展示了，即使是对一条简单线条的感知，也不仅仅是基于光线进入眼睛的物理原理，还基于你以往的经验。

因为我们大多数人生活的世界里存在各种角度，所以大脑会觉得水平线两端的箭头能提示深度。例如，下面的线的两端可以很容易地被看成房间内的角，而上面的线则更像是建筑物外的角。被看成房间内的角，下面的那条线可能看起来离我们更近，因此也更长。这是因为落在视网膜上的小图像往往代表距离较远的更大的物体，大脑会考虑到这一点，并重新计算，给人一个有序的世界视图。但这种计算有时会导致很大的视觉错误，比如穆勒-莱尔错觉。有几项研究表明，在没有方形建筑的环境中长大的人，如南非的祖鲁人和北美的纳瓦霍人，因为他们周围主要是圆形建筑，所以就不容易受这种视觉错误的影响。正如这个错觉实验表明的那样，我们对世界的感知是主动构建起来的，并深受以往经验的影响。

与大多数事物一样，我们对身体信号的感知也深受经验影响。心理学家早就发现，来自外部世界的同一信号对不同的人有截然不同的影响。影响不同主要是基于他们先前的经验——正如穆勒-莱尔错觉实验中碰到的文化差异所证明的那样，强烈的内部信号也是如此。当信息从外部世界传来时，会刺激大脑。比如说，在你参加聚会时，你注意到心跳比平时快，比较焦虑的人可能会把这解释为即将到来的威胁的前兆，而不太焦虑的人可能会把同样的信号解读为兴奋。即使已有证据表明他们的想法是错误的，焦虑者也极不情愿承认自身的消极想法是不理智的，而内部信号可以说是造成这种现象的原因之一。内部传达的威胁信号比其他可能与他们的心跳加速相冲突的证据更有说服力。

有时，这些来自我们身体的信号会导致我们犯严重的错误。就像前面提到的有关种族主义实验的例子一样，一个错误的刻板印象（例如，特定的种族群体更危险）会被我们的内部信号激活。然而，其他直觉可以指导我们做出更好的决定，这些直觉储存在我们庞大的隐性知识库里。有了这些更准确的直觉，尤其在我们面临压力时，我们的内感受能力可以提高决策能力。当我们不得不在极度紧张的情况下快速做出决定时，像心跳这样的内部信号，是我们可以依靠的最熟悉的东西。虽然在危急情况下，身体内部信号可能无法帮助神枪手改变决定（如果他们对特定种族群体抱有负面的刻板印象），但我们在受过良好训练后，身体内部信号可以帮助我们做出更好的决定。

一项针对金融交易员的有趣研究显示，人在受过良好训练后，身体内部信号可以帮助做出更好的决定。显然，在快节奏的交易大厅里，成败取决于多种不同的因素，其中一个因素似乎就是内感受能力。某研究小组研究了来自伦敦对冲基金的18名交易员。他们在金融市场变幻莫测、动荡不安的时期参与了高频交易。通过我们前面描述的心跳检测后发现，交易员感知自身直觉方面的能力高于常人。这样的结果其实在意料之内，因为我们知道压力越大，内感受能力就会越强。众所周知，金融交易总是伴随着高度的压力。更值得注意的是，交易员的内感受能力能反映出他们的整体盈利能力和在金融市场中的生存时间。

怎样才能提高读取身体信号的能力？

鉴于内感受能力对自我意识的重要性，我们是否可以提高这种能力是个很有意思的问题。一组研究人员着手研究冥想对察觉来自身体的信号的准确性的影响。这是一项重要的研究，因为尽管人们普遍认为冥想可以提高对身体感觉的开放的、非评判性的意识，但实际上这一论点缺乏科学数据支持。但这项研究确实表明，冥想，或至少是"身体扫描",加强了参与者与身体感觉保持一致的能力。

正念冥想中的"身体扫描"是一种简单的方法,可以释放你可能尚未意识到的紧张情绪,并关注身体发出的信号它按一定的顺序,让你慢慢感受身体的每个部分,要留意任何不适或疼痛。

- **找个舒适的姿势**。如果可能的话,最好是躺下,但你如果在办公室,需要快速缓解压力,也可以坐在椅子上做。
- **深呼吸**。深吸一口气,每次吸气时让你的肚子像气球一样膨胀,然后慢慢地呼气。这样持续几分钟可以帮助你真正放松下来。你也许可以尝试"4-7-8"技巧,即吸气从1数到4,屏住呼吸从1数到7,然后轻轻地呼气,从1数到8。这有助于你在两次呼吸之间停顿片刻,并真正放松下来。
- **将注意力集中在脚部**。在继续轻轻呼吸的同时,慢慢开始感受双脚。如果你注意到任何紧张或疼痛,只需呼吸即可。想象一下,紧张感会随着每一次呼吸离开你的身体。做好脚部扫描后,再将注意力转移到你的小腿肚和胫部。
- **将注意力转移到整个身体**。继续身体扫描,使注意力顺着你的整个身体向上移动,在移动过程中关注任何压力、疼痛或紧张感,继续呼吸。最终,注意力会到达你的头顶——再做三到四次深呼吸,想象紧张感正在离开你的整个身体。

这个简单的技巧可以真正帮助你深入了解自己的身体,也能有效缓解压力。如果你没有时间进行全身扫描,你可以只集中在身体的某个部位。这是一个每天都要做的常规练习,在你不知所措或有压力时尤其有帮助。

培养你对自己身体的感觉,调整自己身体的内部感觉,会为你打开一扇通往自我意识重要层面的大门。当你把身体意识加入到对自己个人特质的认识中时,你便开始拥有更深层次的自我意识,并开始建立"应对力"第二大基石的坚实基础。

本章小结

- 了解自我是人类文化古老智慧的基石。
- 了解自身个人特质是自我认知的一个重要层面,也是了解陌生人的一个有用标准框架。
- 用"类型"来考虑一个人的个性并不准确。相反,将自己的个性视为沿着几个核心维度变化的倾向更现实。
- 乐于接受新经验并意识到自己应该保持思想谦逊很重要,因为这些都是"应对力"的核心方面,还可以进一步培养和提升。
- 内感知就是对身体信号进行调整,对发展更全面的自我意识同样至关重要。
- 内部信号在塑造你对外部世界的感知方面发挥着重要作用。
- 简单的身体扫描技术可以提高你对身体内部信号的觉知。

第 9 章
信念与价值观

正如上一章所述，了解自身人格特质并关注内部感觉对于发展自我意识至关重要。然而，这些方面只能片面地反映我们自身。要真正了解自己，以下两点极为重要：一是培养对自我核心信念的认识，二是发现我们的个人叙述——属于自己的故事。在本章中，我们将探讨如何对自己有一个更深刻、更全面的认知，这样的认知反过来也会帮助你了解你周遭的事物。

1983 年 4 月 27 日，星期三，上午 10 点，悉尼帕拉玛塔的西田购物中心外，11 名跑步者在热身。他们当中不乏一些世界超长跑界的精英，如西吉·鲍尔。他最近在一场贯穿南非的 1600 千米跑步比赛中创下世界纪录。选手们已经准备好参加从悉尼到墨尔本的首届超级马拉松比赛。他们已经为此训练数月，大多数人都有企业赞助商和专门团队，资助他们完成这两座澳大利亚城市间 870 千米路程的比赛。这些跑步者二三十岁，正值青壮年。

有一个人除外。

在看到克里夫·扬，当地一位 61 岁的农民也在精英运动员队伍中时，许多观众都觉得很好笑。在前一天的新闻报道中，一位当地记者曾警告克里夫，说他肯定完不成比赛。克里夫解释说，当风暴席卷他那 2000 英亩（约 8 平方千米）的农场时，他经常不得不把庞大的羊群赶走。因为他没钱买马或拖拉机，所以经常不得不徒步将一大群羊赶到一起。他说："这需要很长的时间，得花好几天工夫。但我总能把它们都抓住。我相信我可以跑完这场比赛。"

观众们的担心在比赛刚开始得到了印证。克里夫的跑步方式很奇怪，他拖着脚跑动，很快就被其他选手甩在后面。在那个年代，人们普遍认为超级马拉松赛事的选手应该在跑 18 个小时左右后，晚上至少睡 6 个小时。因此，大多数选手在跑大约 18 小时后停下来休息，吃点东西，然后睡一觉。但是克里夫没有，他还在继续跑。凌晨 2 点多，他才停下来稍作休息。不到两小时，他又以其独特的拖曳步伐接着往前跑。令人难以置信的是，在第二天的比赛开始时，克里夫已处于领先位置。"我只是一只上了年纪的乌龟，"他告诉记者，"我必须不停地跑，才能保住第一的位置。"

听到这句话，一位名叫乔·雷科德的英国参赛选手评论说："他说他是只老乌龟，但我认为这个老家伙是只伪装的兔子。"

克里夫在随后几天里的表现引起了轰动。在他离开悉尼 5 天 15 小时 4 分钟后，成千上万的祝福者在墨尔本的街道上排队为克里夫加油助威。克里夫冲过终点线。他赢得了比赛，领先第二名选手近

10个小时。

2003年，81岁的克里夫与世长辞。在向他致悼词时，澳大利亚传奇长跑运动员罗恩·格兰特说得非常对。"克里夫不一定是最好的赛跑选手，"他向美国广播公司的记者说道，"他参加比赛并击败了其他选手，是因为其他人都认为晚上必须睡觉，而克里夫没有读过书，不知道书上说的晚上必须睡觉。"如今，大多数超长距离长跑运动员都像克里夫一样，只靠很少的睡眠就能完成比赛。

信念是强大有力的。正如克里夫·扬所发现的那样，没有先入为主的观念，可以让我们的思想肆意跳脱，发现机会。因此，审视自己的内心和核心信念非常有用。核心信念是我们对世界运行方式的许多先入之见的源头。

核心信念

重要的是要记住，我们的核心信念和价值观与我们的人格特质并不完全相同。正如上一章所述，核心信念和价值观反映了我们的习惯性思考、感觉和行事方式。因为人格特质并不能代表一个人的核心信念和价值观，所以我们把对人格特质或类型的理解称为"陌生人"心理学。个人的信念和价值观可以让我们对自己有更亲密、更个性化的了解。坚定的信念可以让我们即使没有确凿的证据也会坚信某件事正确。信念往往基于我们过去经历的文化和环境状况，因人因时而异。价值观是对何为重要之物的更深层面的信念,对我们的生活方式影响极大。它们往往不受环境影响,反映的是普遍适用的原则。价值观反映的是指导性原则,如诚信、同情心等的重要性。无论我们是外向还是内向,是思想开放还是思想闭塞,我们仍然可能受到普世价值观的指导。我们的价值观之所以重要,是因为它们可以让我们在多变的世界上立足。为了生存,我们必须适应纷繁的变化,许多信念可能会改变,但我们的核心价值观永远不变。

发现最深处的信念

你的核心信念是你如何看待自己、他人和整个世界的关键所在。它们通常低调神秘,潜伏在无意识的幽暗之处,但这些根深蒂固的信念对我们在不同情况下的感觉、思考和行为方式有着深刻的影响。核心信念往往有一种特质:要么全肯定,要么全否定。有些信念非常积极(比如,只要我下定决心,我就可以做任何事情),但许多核心信念具有自我破坏性(比如,我不招人喜爱,我是个失败者,其他人不值得信任)。

要发现自己的核心信念,往往需要展开多层自我对话,以了解事情背后的秘密。一个非常有效的方法是将所有的想法和碎碎念写成思想日记。记下让你感到压力、愤怒、困惑或不安的事情(我们称之为"关键事件")。与其纠结于事件本身的确切细节,不如关注你对发生的事情产生的想法。写思想日记在格式方面没有硬性规定，只需尽力对自己坦诚相待，看看是否可以找到这些想法和感觉背后的核心信念。

问问自己：

1. 发生了什么？
2. 我的感受如何？
3. 我做了什么？
4. 我对发生的事情有何感想？有何结论？

比方有一个这样的关键事件：一群工作伙伴下班后出去喝酒没有叫上我。现在，写下几个词来描述发生这件事时你的感受和所作所为。也许你感到被冷落、受伤、不安、孤独，于是你加班一个小时，第二天没有理会他们。现在，关注一下由此产生的想法。也许你会想：他们觉得我无聊，或者他们只是忘记叫我了。尽可能多写些自己的想法。接下来，深入探究每个想法，并自问"那意味着什么？"答案可能是：

- "也许我不是很有趣"
  那意味着什么？
- "大家不喜欢和我在一起"
  那意味着什么？

- "我永远不会有亲密好友了"

  那意味着什么?
- "我将永远孤独"

  那意味着什么?
- "我是个乏味无趣的人"

  那意味着什么?

相信自己是个"乏味无趣"的人属于非黑即白的信念,听起来非常像核心信念。这种信念覆盖面广,有绝对性且不易改变。

你的思想日记不太可能像上面这样熟练展开,特别是在开始的时候。要记住,我们的目标是要像个坚持不懈的侦探一样,质疑让人心烦的每一个想法或信念的事件的意义。要像夏洛克·福尔摩斯一样。最终你会发现一些关于你对自己的真正看法。

另一种找到自己的一些核心信念的方法是简单向自己提一系列探索性问题。你也可以自己想一些问题,这些问题只需能去探究你的核心看法即可。下面是一些建议:

- 你认为大多数人都比你聪明吗?
- 你认为你做的每件事都是错的吗?
- 别人的生活是否更轻松?
- 你认为只要你下定决心就能实现任何目标吗?

- 你是不是很不走运?
- 你是个有趣的朋友吗?
- 你认为没人理解你吗?
- 你觉得自己值得被爱吗?
- 你认为自己有吸引力吗?
- 大多数人是好人吗?
- 你是否总是使用"每个人"或"总是"这样的词汇?

经常以这种方式反思你的想法和信念会有助于培养更深刻的自我意识。

你的核心价值观

你的信念不等于核心价值观

正如前文所述,你的人格特质反映了你在不同情况下的一贯行为方式,信念代表了你对某些事情的真相或其他方面的想法,而价值观则是指导性原则,它告诉你生活的意义,与具体看法或人格特质无关。当然,价值观通常与核心信念互相关联但又各自独立,二者都是指导生活的基本准则。因此,我们中的许多人在日常工作中跌跌撞撞,却没有真正思考过我们内心深处的愿望。事实上,只有当你确定并理解自己的核心价值观时,你才能创造一种丰富、充实、有意义的生活。

因此，弄清楚生活中真正重要的东西是什么是必要的。除了与人格特质和信念不同外，价值观与目标也不一样。价值观让你朝着某个方向前进，而目标是你在前进道路上想要到达的具体里程碑。你会有多个目标，这些目标会随着时间的推移而改变，但价值观是持续不变的。

找到自己的核心价值观

我改编了拉斯·哈里斯《幸福陷阱》一书中的一个简单练习，来帮助你找到自己的核心价值观。其核心是尝试从"你真正的驱动力是什么"这个大方向来考虑生活中各个领域的价值观，而不是考虑具体目标。对你而言什么最重要？你真正在意的是什么？

思考以下主题。对于下面的每一个生活领域，深入思考它们对你而言意味着什么，并在下面补充一些与你息息相关但这里没有列举出来的内容。花时间想想，你想成为什么样的人，确定自己内心深处最重要的东西，明确你生活中想要坚持什么。明确你的核心价值观并以它为引导，这对建立更深层面的自我意识，也就是应对力的第二大基石，至关重要。

1. 家庭：你想成为什么样的家庭成员？你想建立并维持什么样的关系？挨个考虑每种家庭关系。如果你身为理想型的孩子、父母、兄弟姐妹、叔叔、阿姨、祖父母，你会如何与他人互动？

2. 伴侣：你想建立伴侣关系、亲密关系或走进婚姻吗？如果是的话，你想成为什么样的伴侣？理想情况下，你会有怎样的表现？

3. 工作生活：你想做什么样的工作？工作中你最看重什么？如果你是理想型的雇员、雇主、同事，你希望建立什么样的关系？

4. 个人成长：你重视教育和个人发展吗？什么最吸引你？你想学什么？注意不要把目标和价值观弄混（"我想学习法语"是目标，而"我想用法语和当地人交流"则是一种价值观）。

5. 灵性：对你来说，什么更重要？与自然界和谐共处？宗教信仰？对比人类更高级的生命存在持怀疑态度？

6. 社区生活：你想在社区中扮演什么角色？参与政治活动或在社区做志愿者对你来说重要吗？

7. 自我关怀：你是个什么样的人？你有自我同情心吗？严于律己值得吗？你想如何关心健康和福利？这对你来说重要吗？为什么？

请记住，你的价值观是赋予你生活意义的一般原则。它们也能让你脚踏实地，在面对困难时勇往直前。

了解真实的自我

从孩童到青少年再到成年，你的信念和价值观会融入一种基本意识，即你是谁，处在人生的什么位置，也就是你的"真实自我"。当你问自己"我是谁"这一关键问题时，决不能忘记造就你的社会和文化背景。你的信念和价值观反映了你内心深处累积已久的认知偏差。许多认知偏差来自我们的直系亲属和社区。事实上，正是这些信念在很大程度上决定了我们是谁。我们的政治信仰最难改变，面对分歧，我们大脑中的防御网络就会启动，抵制新观点的影响。而这对于我们保持思想开放和思维灵活很重要。随着信念愈发强大深入，我们愈发难以接受其他现实，转而优先考虑符合我们信念的信息，这就是"证实偏差"。所以我们会被符合我们世界观的信息所吸引，而不欢迎与之相悖的信息。

当我们的信念彼此冲突时会发生什么？

由于证实偏差等原因，我们很难改变根深蒂固的信念。质疑我们的信念意味着质疑核心自我，需要消耗大量的时间和精力。因此当我们的信念彼此发生冲突或与行为不一致时，我们会深感不安。在心理学中，有一种"认知失调"理论，指当我们的信念彼此发生冲突时所感受到的心理矛盾。举个例子，想象一下，你坚信燃料排放是导致全球变暖的一个重要因素，但与此同时，你又喜欢并经常开着你那辆老旧的耗油汽车。这种信念和行动之间的冲突,形成了一种内在动机,要么改变行为——停止驾驶爱车,要么改变信念。你可能会试图说服自己,仅仅一辆车的汽油排放量并不能真的造成太大影响。

大脑的当务之急是缓解这种紧张关系并恢复平衡。人往往不会改变他们的行为,因为这很难,他们也不想触碰根深蒂固的信念。我们天生会以一种能减轻这类失调的方式重新解释事实。这就是为什么即使面对无可争辩的证据,我们仍然要坚持自己的信念。

信念越是个人化,我们就越不能放任不管。以P.J.霍华德为例,他住在爱尔兰共和国克莱尔郡的恩尼斯小镇上,日子过得称心如意。多年来,他因为房地产生意,积累了超过6 000万欧元的财富。1998年,他爱上了一个比他小15岁的美丽活泼的女人。他们在当地一家商店相识。八年来,他和莎伦·柯林斯朝夕相处,经常豪游世界。虽然两人没有结婚,但2005年,在意大利一场为朋友和家人举办的盛大聚会上,霍华德和莎伦约定终身。

不到一年后,莎伦被捕,罪名是策划了一场详细的谋杀。她不仅计划谋杀霍华德,还要谋杀他的两个儿子,目的是继承他的全部财产。证据毋庸置疑。莎伦给一名美国杀手的电子邮件中详细描述了她的作案计划。她想让这两个儿子看起来像死于一场意外。接着再把霍华德伪装成因为悲痛欲绝而自杀。"这是不是太牵强了?能让这场谋杀看起来像一场意外吗?"她在一封电子邮件中问她要雇佣的杀手。尽管如此，霍华德仍然对莎伦一往情深。他根本无法相信，他以为深爱着他的女人竟然密谋要杀死他。"这说不通啊，"他告诉法庭，"我觉得这非常、非常、非常难以置信"。他在证词中恳求陪审团不要判莎伦有罪。他在离开证人席时，热烈地吻了她的双唇。

然而，陪审团和警方都不为所动，莎伦被裁定有罪并被判处六年有期徒刑。虽然霍华德的故事颇具悲剧性，但它给我们提供了一个认知失调的完美例子。他并没有改变自己的核心信念——他有一个心地善良、对他忠心耿耿、深爱他的伴侣。无论这些信息多么无可争议，只要与这一坚定信念相冲突，他就会一概否定。在这个例子里，爱情确实是盲目的。

我们的信念是理解世界的基础

个人信念是我们赖以理解世界的精神支柱。这些信念让我们产生无数假设和先入之见，简化了我们的社会生活和情感生活的复杂性。本质上，我们都是"认知吝啬鬼"，利用已有的信念来简化我们对世界的处理。想象一下，如果你每次发现自己处在一个新的环境中，都要从头开始解决所有的问题，你的大脑会很快不堪重负。所以，大自然选择给出了一条睿智的应对之法。信念让我们能够提炼出复杂的信息，从而迅速得出结论，而不是耗费太多的时间和精力，从最基本的原则出发来处理证据。

大量的研究表明，强烈的信念，如刻板印象，可以释放心智资源，使我们有更多的时间和精力去关注其他事情。缺点是，为了提高效率而牺牲了准确性，而且我们可能会被诱导，仅凭最脆弱的证据就做出强有力的假设。

几年前，我就有过这样的亲身经历。当时我和丈夫凯文正在安排人照顾他的父亲约翰。约翰患有帕金森症。随着约翰病情不断加重，我们意识到不能让他独自生活，于是让他搬来和我们一起住。但问题依然没有解决，因为我俩每天都要外出工作，所以约翰仍有很长一段时间需要独自在家。我们咨询了当地的护理机构，商讨有没有可能雇人每天帮忙照看几个小时。接二连三地，临时护工来了又走，这对约翰来说很难过，因为他没有机会好好了解他们。我们积极地与当地的中介机构沟通，争取找到一名长期看护，能够承诺定期照看约翰。我们明白找到一个能让他了解和信任的人很重要。一天早上，护理机构打电话带来了好消息，一个名叫托尼的年轻人可以胜任这个工作。他住在当地，可以长期干，每周来四天。这简直太好了！

周一上午八点，门铃准时响起。我打开门，看见托尼。他满是文身，剃着光头，挂着五个鼻环，戴着墨镜。他解释说："今天早上有点宿醉。"我的心一沉。我可以把约翰交给一个看起来粗鲁又不值得信任的人照顾吗？我所有的刻板印象开始作祟。不好意思地承认，我甚至怀疑他可能会抢劫我们。

事实证明,托尼是最称职的护工。他和约翰喜欢拿足球和政治开玩笑,两人在一起时总是有说有笑。托尼不仅厨艺出色,能为约翰做一桌丰盛的午餐,甚至还能说服他尽量出门锻炼。显然,之前的护工无法做到这一点。托尼在我们家住了一年多,照顾约翰,成了约翰的挚友。值得庆幸的是,我能够克服最初的担忧,没有被我的刻板印象牵着鼻子走。我非常高兴我做到了,因为托尼彻底改变了约翰的生活。

这段经历让我认识到,我们的信念和成见在思维僵化的过程中起着关键作用。虽然它们有助于将复杂问题简单化,但它们有点像有色眼镜。戴着有色眼镜,我们不能接受所有相关信息,而是义无反顾地固执己见。在我看来:文身 + 光头 = 不靠谱!这个简单粗暴的计算公式,套用在托尼身上是完全错误的。

养成质疑自己信念的习惯

这就是为什么要坚持质疑自己的核心信念。这样做并不容易,但会帮助你敞开胸怀,更深刻地认识自己。这个习惯不仅对自我意识的培养至关重要,而且它还能解决以下问题:你持有的复杂的信念网络可能并不能真实反映你的内心。当然,我们的信念也会影响到价值观,所以如果不能充分了解自己的信念,我们可能不会真正遵循自己的价值观所在,我们只会随波逐流,不去探究更深层次的意义。要能真正有自我意识,建立起应对力的第二大基石,你的生活方式需要反映你最深层的价值观,而不是你的家人、朋友你保护自我的那部分乃至整个社会强加给你的价值观。如果信念是自我的组成部分,那么价值观反映的就是对你来说最重要的东西。

希腊哲学家亚里士多德建议我们:"了解自我是一切智慧的开端。"然而,许多人对自己的核心信念和最深层的价值观了解甚少。因此,我们还没有"找到自我"。虽然"找到自我"听起来可能有点任性放纵,但我认为,如果我们能端正态度,这实际上是一个无私的重要过程。要成为称职的父母、负责的同事、忠心的朋友,你首先必须了解自我,接受自我。这并非易事,因为我们最终往往会隐藏真实的自我而不自知。你的大脑想法丰富,那些被遗忘的记忆和想象交织共鸣,塑造着你的生活,并引导你一如既往地行事。这些记忆和根深蒂固的习惯会促使你按照社会的要求而不是按自己的意愿行事。

为了适应,我们时常不得不在不同场合扮演截然不同的角色。这种灵活性是件好事。然而,这样做的危险在于,我们可能会忽视真正的自我,陷入这样一种境地:我们的生活方式不能反映我们最深层的价值观。比如说,你可能热衷于保护地球,却为一家大公司工作。这家公司为了降低成本,并没有尽其所能保护环境。要做到完全真实,就必须把这种随机应变的能力与坚持自我结合起来。有些时候,我们可以睁一只眼闭一只眼。但问题是,很多时候,这种随机应变有悖于我们最深层的价值观。我们常常变得依赖于表象的自我，而意识不到在任何时刻我们都有选择的余地。这就是为什么许多人遵从可能与真实自我不符的社会角色。

个人叙事

我们就是故事的主角！

如今，何为"真正的自我"或"真实的"自我，是心理学的一个热门话题，许多研究都想搞清楚。鉴于我们身负多重责任，兴趣和欲望各异，我们如何厘清真实自我和真正的自我？答案是，我们可以通过讲故事来培养深层的自我。我们的个人故事为我们的人生创造了意义，成了我们自身的一个组成部分。这些故事就像是色彩艳丽的（有时破破烂烂的）丝带，将那些根深蒂固的信念和核心价值观的独特叙事捆绑在一起，最终造就了现在的我们。从真实的意义上讲，讲故事就是塑造我们自身的故事，可以让我们触碰到我们的人格中更深入、更个性化的层面。

展现你的个人叙事

揭示真实自我的最好方法之一就是写下你生活中的几个故事或事件，这些故事或事件要能捕捉到你和你的性格中的一些重要内容。忠实记录你的故事，其中深刻的见解可能会出乎你的意料。我为一小群商业领袖提供了一系列的辅导课程，其中一个叫汤姆的学员从这种做法中得到了深刻的启示，他的生活因此变得更美好。他写下的故事中，有一个是他9岁那年跳进花园的池塘里救出一个婴儿。他能清楚地记得当时此事轰动一时，记得他的感觉很棒。他的另一个故事发生在20岁出头的时候，当时他经常特意不喝酒，这样就可以在晚上开车送朋友回家。汤姆就像一个骁勇无畏的人格勘探者，在他成长经历的淤泥中寻找真我的金块。汤姆意识到，自己的人生主题逐渐清晰起来——他自视为"保护者"，其个人叙事是帮助别人。他的一个根深蒂固的信念是，"别人需要照顾"。因此，他的核心价值观之一是"保护"。这有助于他更好地理解自己目前的一些行为，为什么他的妻子和孩子经常抱怨他控制欲过强。

我们的自我意识的发展分为三个阶段。

- 演员
- 代理人
- 作者

小时候，我们往往有非常明确的角色定位——子女、兄弟姐妹、朋友——我们在这个时期的故事反映着我们扮演这些角色时的感受。对于6岁的孩子来说，所有的事情都是围绕着"你是谁，你做了什么，以及谁对别人做了什么"而展开。当我们进入青春期后，我们仍然扮演着这些角色，但同时我们也开始制定目标并做出决定，希望这些决定能帮助我们实现这些目标。我们成了自己命运的代理人。当我们进入成年后，我们开始将过去和现在的经历与关乎未来的想法结合起来。信念、价值观和自我都像身份地图上的纵横阡陌一样融合在一起，成为我们的"叙事身份"。

你将难忘的生活事件串联在一起，构建一个有意义的连贯故事，这种方式使你的大脑能够在错综复杂的、常常令人困惑的世界中航行。每个人都会这么做，这对建立我们的自我意识很重要。你的叙事自我嵌入你的个人故事中，我们大多数人都会与他人分享这些故事。事实证明这点很重要。正是通过与他人分享你的故事，你才能得到反馈，帮助你提炼和扩展自我认知。你可能认为，你年轻时的一些行为不可原谅，但其他人可能会告诉你，你的反应完全正常，你的行为并非完全不可原谅。根据发展心理学家的研究，这个过程就是你对事件的记忆要怎样变得更灵活一些，并为自己提供个人成长的机会。

我们建立自我意识的一种强有力的方式就是将过去编织成生命中的一段故事。我们讲述的故事极其重要。比起发生在我们身上的事实，我们在脑海中如何重构这些故事更重要。例如，你目睹了一场可怕的交通事故，但你将其解读成了一个救赎性的故事，即你是如何因此对生命有了更深刻的认识，那么这个事件对你造成的负面影响就不会太持久。你为这一事件构建的意义——那些实际上糟糕的事情却能对个人发展产生积极影响——是一个心理健康的标志。

科学告诉我们，故事，尤其是救赎的故事，是心理健康的一个强有力的预测指标。

揭开你的人生故事

我们中的许多人都是天生的讲故事能手，你可能会有些你常挂在嘴边的故事。但是，总有一些人缺乏对生活和叙事故事的思考。无论你讲故事的水平如何，下面的练习都非常有用，可以揭示你的一些关键故事。也许这些练习不会带给你惊喜，也许它能给你一种启示，无论如何，它都会帮助你找到真正的自我。

如何找到个人叙述身份

为自己抽出点时间——大概一个小时——来做这个练习。做这个练习需要你找一个安静的地方，不要被打扰到。如果你用的是电脑，确保关闭电子邮件通知和其他自动通知。

在这个练习中，你是讲故事的人，你的任务是引出你自己故事中的重要时刻。把你的生活想象成一本书，其中包含章节、关键人物还有不同的场景和主题。你可能想一章一章地对故事进行全面的描述总结。一旦给出了故事的主线，接下来的任务就是集中在四个突出事件上。这些事件不必按时间顺序排列，也不一定是什么大事，只要是对你有意义的、真实的就行。所以，请好好想一想，选择四个能说明问题的关键事件：

1. **人生中的低谷时刻**：发生了某件事情，让你变得非常消沉，也许还会感到恐惧、幻灭，产生愧疚感或羞耻感，或者彻底绝望。

2. **人生中的高光时刻**：发生了某件事情，让你感受到真正的快乐、幸福，或是心满意足、如释重负或喜不自胜。这些时刻令人难以忘怀，因为它们充满正能量。

3. **人生中的转折点**：在某段时间或通过某件事情，你完全改变了对自己的认知。

4. **定义自我的记忆**：某段记忆反映了你人生中一个永恒的主题。这段记忆通常高度情绪化，有助于解释你是谁。例如，在定义自我的过程中，汤姆得到提示，将自己视为保护者。

以上四点中，针对每一点都写几个可能存在的情节——这本身就很有启发性——然后选择一个你认为最有代表性的。定义自我的记忆可能会特别难找，也许要想很久才能想到。所以，如果有些事情很难想起来，也不要太着急。例如，汤姆也是在想了几个月后才发现自己是个保护者。一旦你开始经常回忆这些故事，你人生的关键事件就会逐渐浮现出来。四个故事中的每一个，你都要尽可能详细说明你当时的情况：谁（如果有的话）和你在一起，到底发生了什么，你和其他人（如果有相关的人的话）的反应。试着概括一下你在事件中的想法和感受。

如果你想做这个练习,那就暂时停下,不要继续往下读了。要想真正从这个练习中受益,必须对自己完全诚实。接下来的几段话会阐述研究人员要在这些故事中探寻什么,如果你提前知道这些内容,你可能会不由自主地把他们想要的写进故事里。这样一来,你的故事就不是发自内心写出来的了。请先写完故事再回来接着往下读。

解读你的人生故事

欢迎回来。希望你借助上文的提示写出了一些故事。现在我们看看你通过这个练习可能透露的关于你自己的信息。

人们所写的人生故事中经常出现三大主题。看看你自己的故事是否包含这些主题:

- **情感质量**:你的故事大体算是积极向上的吗?是开头糟糕结局美好吗?还是正好相反——开头美好结局糟糕?
- **复杂程度**:你的故事有多复杂?它是否有大量丰富的细节,还是你只给出了事情梗概?
- **制造意义**:你的故事是否表明,你曾试图从看似完全不同的情况中吸取有意义的教训?

你的故事越是复杂,你就越有可能从看似不同的事件中找出意义。同样地，如果你的故事总体基调积极向上，特别是从消极转为积极，代表你的心理健康状况良好。如果你想按照研究人员的方式给故事打分，可以参照本书附录二中的打分标准。尽管评分方式主观性极强，这是无法避免的，但该标准可以针对你的情感质量、复杂程度和意义制造这三个主要主题打分。虽然有些人喜欢这种规范评分，但实际上最有帮助的是你写出一系列故事的过程。因此，就像汤姆那样，仅仅对你的故事进行反思就可以帮你了解一些常用的处事方式，并对自己有更深入的了解。

如果你的生活主题相当消极怎么办？

很多人发现，他们的许多主题相当消极。如果确实如此，发现这一点很好——你可能一直都没有意识到自己有多消极。为什么你的故事会有消极倾向？这个问题值得深思——只是今天有这种情绪，还是长期这样？本书中有很多练习，可以帮助你处理消极想法（参见第 11 章），以及挑战你看问题的角度（参见第 7 章），你会发现这些内容大有裨益。

真实自我和应对力

培养自我意识很重要。意外事件发生时，能充分意识到个人偏好有助于我们理解自己的反应。我们的个人信念、做事方式、认知偏差以及我们对过去和现在事件的阐释，特别是价值观，也都有助于我们理解为什么会那样反应。这样一来，自我意识能帮助我们退后一步，做出更有效的应对之策，同时提升我们的思维灵活性，并帮助我们适应新情况。

我们可以探索自己的人格特质、身体意识、核心信念和价值观，解读那些被纳入自我意识中的个人故事。做到了这些，我们就可以进一步提升自我意识。

本章小结

- 要建立应对力的第二大基石——自我意识,不仅关乎人格特质、思想谦逊和身体意识,我们还需充分理解自己的信念和价值观。你对生活、对自己和他人的信念,威力无穷。你的信念可以让你思想封闭,使你看不清自己。
- 你最看重的信念很难改变,但你应该先花时间辨明自己的信念,然后对它们进行质疑。
- 辨明自己的核心价值观并与之关联也至关重要。核心价值观是你人生中最重要的东西。
- 信念和价值观结合在一起,形成你的"真实自我"。
- 通常可以在对你意义重大的个人叙事中了解真实自我的答案。你的真实自我会在这些故事逐渐显现出来。
- 这些个人故事是日常故事的熔炉,信仰、价值观和意义在这里融为一体,它们可以帮助你建立更强的自我意识。

应对力的第三基石

情绪意识

第 10 章
了解自己的情绪

小时候我家住在都柏林郊区。1986 年 4 月 9 日上午，我和父母在家，这时有人使劲敲我家的前门，外面警笛大作。打开门，我大吃一惊，外面有四名全副武装的爱尔兰警察。

"看见有人从你家的后花园过去吗？"其中一人问道。

"没有，"我回答，"我认为没有。"

"介意我们看看吗？"他们穿过房子，走到花园里，他们看看棚子里面、树篱后面，又检查了车库。直升机在头顶盘旋。肯定发生大事了。

"你们在找什么？"我妈妈问，但他们一声不吭。

不久之后，我们听到了令人震惊的消息，我们的邻居詹妮弗·吉尼斯被绑架了。詹妮弗是我儿时的伙伴之一塔尼亚的妈妈。小时候我们从沙滩玩回来后会去她们家喝茶、吃烤面包，我也常和她说话。她被突然闯入家中的一群男人带走了。这群男人都配备了乌兹冲锋枪。像大多数都柏林人一样，我们开始关注有关她被绑架的电视新闻报道。这群绑匪误以为她是极其富有的酿酒家族吉尼斯家族的一员,他们要求其家人支付巨额赎金。谢天谢地,她在被绑架八天后安然无恙地获释了。小区的人们又慢慢恢复了正常生活。

在詹妮弗经历磨难后不久,我出门散步时碰到了她。我很想知道到底发生了什么。她是个有心理弹性的人,从来不会信口开河。所以听到她说在那八天里尽管她担心有生命危险但一直保持冷静时,我一点儿也不感到惊讶。她告诉我,她基本上没有受虐待,而且还仔细观察了绑匪。其中一名年长的男子恶狠狠的,所以她对他非常警惕;不过,其中一名年轻的男人似乎更温和一些,对自己不太自信。她冒险采取了一个策略,偶尔对那个年轻人发火,大喊大叫,命令他放她走。她感觉对令人生畏的绑架者发火会很危险,而让不太自信的年轻人感到不安可能会管用。我们不能肯定这种策略在这种特殊情况下是否有效,但我认为,在那样可怕的情况下,这至少会让詹妮弗感觉更有力量。

为什么情绪意识对于应对力很重要

几年前,我丈夫凯文写了一本关于说服力的艺术和科学的书。为了揭示社会影响力的原因,他做了一些相当不寻常的事情。他不仅花时间采访了该领域的一些主要学术专家,还和一些世界上最自信的说服者一起出去玩——这些人不算是好人,但都是说服他人的天才。他们从来没读过相关教科书，但已经从应对力的重要原则中找到了他们行业的秘诀。

值得注意的是，学术团体和"实践者"团体对于怎样才算是好的说服者以及什么是强有力的说服信息，有明显的一致观点。以下两点对于能成功影响别人必不可少。

首先，信息——你所说的话——必须考虑对方的切身利益。

其次，信使——做说服工作的人——必须具有吸引力并具有可信度。

换句话说，要成为一名优秀的说服者，必须：

1. 完全了解自己和他人的情绪，并能够像舞台上有感染力的专业演员一样完美表达情绪。

2. 能够做到：选择（a）恰当的情绪，（b）正确的信息，在（c）恰当的情境下，（d）针对合适的个人或目标听众。

听起来有点耳熟？那就对了！要能说服他人，你需要擅长利用应对力。或者，用更熟悉的术语来说，说服不是靠说服的内容，而是靠说服的方式。无论是要说服他人还是在其他情况下，了解自己的情绪并能够快速调整情绪是帮助自己适应的强有力工具。

任何看过电视剧的人都知道警察审讯时会一个装红脸，一个装白脸。在现实生活中的审讯室和问讯室，这种对情绪表达的操控也是一种非常有效的从受审人那里获取信息的方法。

但是，我们每天都会遇到更微妙的情绪操控做法。可视化网站优化器——允许营销人员和产品经理在网上更好地展示商品的电子平台——利用了三个不同的说服原则，每一个都涉及基本的情感系统，最大限度地提高收益潜力：

1. 稀缺性原则，也叫错失恐惧（FOMO）（如"售完即止！""本酒店优惠价格客房仅剩两间！"是两个很好的例子）。

2. 互惠原则——与人讨价还价成功后有满足感（无论你作为供应商的目标是什么——鼓励在社交媒体上分享，吸引潜在客户下载产品或注册——只有客户觉得你会给予最优惠报价，他们才会相应给你一些回报）。

3. 社会证明原则——得知像自己一样的人购买了某产品或服务（通过他们表达喜欢、正面评价或热情推荐）而获得安全感。

下次您在网上冒险购物时，请记住这点：你正在步入应对力雷区！

因此，情绪意识——应对力的第三大基石——对于应对力至关重要。懂得情绪并能操控情绪不仅可以说服别人买东西，也能让自己摆脱潜在危险的情况，就像我的邻居詹妮弗那样。

愤怒确实管用。情绪可以带来强有力的变化。詹妮弗在被绑架后靠本能利用愤怒成功自保的做法得到了最新科学的支持。现在我们知道，把愤怒当成非常有效的谈判工具，可以在变幻莫测的情况下赋予我们力量。我们一般会对愤怒感到不舒服，因此会针对别人的愤怒找到相应的解决方案。发怒的人也会让人觉得更强大，同时也让人觉得地位更高。例如，愤怒的买家与卖家签手机合同时更可能获得更大力度的优惠，卖家不太可能拒绝他们的要求。

　　不过，如果你要尝试让愤怒情绪为己所用，请小心行事。请记住，在什么情境下使用至关重要。对那些比你更有权力的人表达愤怒往往会适得其反。他们要么不理你，要么会进行报复，在升职竞争中总是被忽视所以要"好好教训一下老板"的人就是最好的例证。反过来，如果你的对手权力没你大，表达愤怒会非常有效，尤其是在看起来恰当的时候。再来看看詹妮弗的例子，虽然严格来讲，相对于她的两个绑架者而言，她的控制权更小，但那位犹豫不决的绑架者觉得詹妮弗拥有道德制高点，所以她表达愤怒会有助于削弱对方的决心。

情绪是杠杆

　　我们还知道，情绪让我们可以"现实验证"。因为情绪可以帮助我们摆脱我们珍爱的目标并转向另一个目标，所以它在帮助我们适应变化方面发挥着至关重要的作用。举个例子，如果我们被伴侣抛弃了，我们可能会有各种情绪——愤怒、怀疑、悲伤、震惊、绝望，甚至还有解脱。尽管这些情绪可能令人不快，但悲伤等情绪可以帮助我们摆脱深入已久的计划和目标。它们帮助我们进入休憩阶段，然后我们才能继续生活。通过这种方式，情绪发挥了有意义的作用，在我们生活中的重要时刻促进了有意义的方向性变化。

这意味着情绪给了我们极大的灵活性，让我们可以采取一些行动来实现某个特定的目标。与将刺激和动作紧密连接的本能反应（例如，把手从滚烫的物体上挪开）不同，情绪可以让人打破这种连接。当发生某些事情时——例如，有人插队——你的情绪会产生各种反应，情绪可以让人观察，尽可能多地收集信息，然后决定采取什么行动。换句话说，你可以将情绪视为一个将想法和判断与行动联系起来的变速箱。所以说情绪能促进大脑的灵活性，对于应对力很重要。

顺其自然

情绪是对脑中大数据的表达——人所有的经历，无论好坏，都存储在大脑记忆库中，用来帮助预测任何情境的可能结果。情绪之所以有用，正是因为它们有助于驾驭生活中的关键转折点。要在一个动态世界中做到从容应对各种情况，我们就必须接受挫折和失败，拥抱它们，并将它们与胜利和成功整合成一个连贯的整体。

科学、行为辅导和心理治疗告诉我们的第一条教训都是，经验无可替代。为了表现最好，你必须与日常生活中的现实互动。走向世界，尝遍酸甜苦辣、体验所见所闻、经历起起落落，会为你提供一系列有助于驾驭复杂情况的阅历感受。随着岁月的流逝，你的生活质量在很大程度上要取决于个人经历。

情绪帮助我们传达感受。我们的感受或其他人表达情绪方式的细微变化，会告诉我们世上发生的一切。情绪的表达为他人提供了清晰的信息，这可能会影响他们的行为。比如说，当你接近一个你不认识的蹒跚学步的孩子时，如果他看起来很高兴并且直接对你微笑，那肯定会引起你的注意，并可能激发积极有趣的互动。相反，一个尖叫、皱着眉头的两岁孩子可能会让你退避三舍，因为你担心接近他会让他更害怕。情绪是复杂神经系统的副产品，它不仅可以帮助我们管理自己的行为，还可以调节他人的行为，这对于帮助我们适应环境至关重要。所以说情绪意识是应对力的重要基石。

为了进一步了解情绪意识和理解力，探索情绪的来源非常有意义。通过了解情绪的基本特点，我们可以更好地了解其用途。

情绪从哪里来？

关于情绪从哪里来，情感科学中有两大思想流派，双方都有一些证据，对于哪种方法最接近真相尚未达成共识，没有定论。这样的不确定性在科学中很典型，需要灵活的大脑才能取得进一步突破。

"传统观点"认为，少数最常见的情绪或多或少存在于大脑中。在20世纪60年代，心理学和神经科学界的一个流行观点是，人脑相当于将三种大脑合为一个（称为"三位一体"大脑）。这三个结构区域分别对应着进化发展的不同时期：最古老的是**爬行脑**，包括大脑底部和脊髓顶部，负责维持呼吸、口渴感、心率和血压等基本功能。在其上方的大脑中央部分是**边缘系统**，它隐藏在较新的皮质层之下，是我们情绪的所在地。最后是大脑的外层，称为**皮质脑**，它包裹着大脑的其余部分，是我们与其他物种最不同的地方，它负责执行约束功能和许多其他更高层次的功能，比如语言和理性功能。

虽然这个"三位一体"框架在一定程度上反映了脑结构的真相，但三脑假说在神经科学中不再受重视。尽管如此，这个想法还是触发了一个有影响力的研究领域，试图了解动物情绪的生物学性质。除其他问题外，这些研究揭示了中央大脑区域——边缘系统——中一些微小结构的重要性，这些结构对我们的生存很重要。其中最著名的是杏仁核。

杏仁核——恐惧中枢？

杏仁核是一个只有拇指指甲大小的微小结构，被认为是大脑的警报系统,当检测到威胁时会抑制大脑其他区域的活动。从进化的角度来看,杏仁核已经很古老了:如果大脑是一个俱乐部并且有创始会员的话,那么杏仁核就是其中之一。杏仁核对大脑皮质的影响超过大脑皮质对它的影响,这是因为有更多的神经纤维从杏仁核深入大脑的皮质区域而不是相反。当注意力集中在潜在的危险上时,这种机械安排允许"思考"被搁置。这就是为什么我们在浴缸里看到一只蜘蛛时,即使我们的"思考"大脑非常清楚蜘蛛无害,我们也会被吓得不敢动。作为警报系统,杏仁核反应迅速。

　　几年前,在当时居住的剑桥郡小村庄周围,我在温暖的阳光下慢跑。突然,一只杜宾犬狂叫着,并顺着一条长长的车道朝我冲了过来。我能听到狗主人的叫喊声,但很明显这只狗几乎不受控制了。那条狗追了上来,恶狠狠地要咬我的腿。在接下来的几秒钟里,我肯定是以能击败尤塞恩·博尔特的速度在路上狂奔。大约跑了20米后,谢天谢地,这只狗温顺地回到了主人身边。

　　我一直跑到那条路的终点才停下来,努力让我怦怦跳的心平静下来。我开始控制不住地颤抖,花了大约十分钟才能够继续跑步。此后的几个月,每当我走上那条路一接近那座房子时,都要快跑。我再也没有见过那只狗。甚至几年后,我得知这家人和他们的狗已经搬走了,但每当我经过那条车道,仍然感到忐忑不安。

　　我们大多数人都有过这样的经历。当受到威胁时,人的身体会以一种无法控制的独特方式做出反应,人会感到**恐惧**。恐惧通常被认为是天生的"基本"情绪的完美例子。这些情绪可以在灵长类动物、大鼠和小鼠等其他物种，甚至在昆虫和蜘蛛中，被识别出来。根据传统的情绪观点，恐惧、厌恶、愤怒、喜乐、悲伤和惊讶等一系列基本情绪都有各自的神经回路或"指纹"，这帮助我们的祖先历经数千年而生存下来。

最常见的一些情绪是天生的，这种观点有一定的道理，并且多年来一直在情感科学中占据主导地位。问题是这种观点可能是完全错误的。许多不同的大脑区域之间存在内在联系与"情绪"回路各自为政的概念不完全吻合——我们无法将特定情绪隔离到大脑的某个区域。通过现代大脑扫描技术得知，许多不同的大脑部位在情绪出现和思考体验时都被激活。如果我在逃离那只狗的追击时能看见我的大脑内部，不仅会看到我古老的杏仁核活跃度升高，还会看到许多其他区域都处于被高度激活的状态。此外，正如"三维一体"大脑思想表明的那样，随着大脑的进化，它并没有以逻辑线性方式运行，而是相反，就像公司或大学之类的组织一样，随着规模扩大和复杂性增加而重组。因此，可以说大脑会随着进化过程不断重组和调整。

从上面的内容可知，我们大脑中所谓的"思考/解决问题"部分和"情感"部分的紧密联系，使它们能够无缝对接地协同工作。实际上，大脑中的细胞束可以通过"紧急响应呼叫形成"的方式迅速连接在一起，帮助我们处理特定情况，这些连接没有边界限制。

而我们现在知道大脑是作为一个高度集成的动态系统运作的。

当然,在这样一个集成大脑中,仍然有可能负责不同情绪的独立的脑细胞束(通常称为回路)存在。这很有道理,对吧?在我跑步时遇到好斗的狗,独一无二的恐惧回路可能会帮助我逃脱。不过,这也可能是错的。尽管看起来令人惊讶,但事实证明很难找到令人信服的证据来证明恐惧、愤怒、厌恶或任何其他情绪背后有不同的大脑回路。

描述我们的情绪并不像我们想象的那么简单

不仅情绪回路在脑部扫描中难以精确定位,当我们要求人们描述他们的情绪时,这些描述也不能如我们所期望的那样,可以被整齐划归于我们熟悉的"恐惧""悲伤""快乐"和"厌恶"之列。

想想看,试着用语言表达恐惧的感觉。再解释一下生气是什么样子。如果不提为什么恐惧,为什么愤怒,你能描述一下两者的不同吗?很难描述吧!

许多心理学研究表明,这确实做不到。所以,人们描述的是情感体验的更广泛的维度,比如一种情绪有多强烈,这种情绪有多消极或多积极。像这样的结果可以提醒研究人员注意,传统的情绪观很可能不正确。如果我试图描述我对狗的恐惧经历,甚至试图描述多年前我在害怕溺水时紧紧抓住柱子时的恐惧感,很难脱离物理描述。我记得这两次心脏都在胸中剧烈跳动,我感到口干舌燥,接下来,我都经历了无法控制的颤抖。在这两次经历中,一次我身体僵硬、无法动弹,而另一次我尽可能快跑。但就感觉而言呢?我可以说感觉不太好,而且很不好,但除此之外就很难描述了。

我的经历不是特例。在情绪研究中这种情况很典型。

人类情感生活的基础材料:唤醒和感觉基调

我们建立情感生活的基础似乎是基于情境能多大程度唤醒情绪,以及这种情感积极与否,而不是各自为战的各种情绪的简单集合。判断某种情况或某个对象是消极的还是积极的——在心理学中被称为效价判断——与我们在本书开头提到的"感觉基调"的概念很接近。正念疗法老师告诉我们,某件事让人感觉愉快、不愉快还是既愉快也不愉快,即这些"感觉基调",才是重要的指标。这与当代情感研究相一致。研究表明,感觉是大脑中的一种跟踪系统,提醒我们哪些感觉好,哪些感觉不好,所以我们知道应该避免哪些体验,应该欢迎哪些体验。

重要的一点是,涉及大脑皮质和皮质下部分的大脑回路维持并强化了对日常事件的负面或正面解释。结果证实,大脑作为一个高度变化的连接系统,利用许多不同的区域来处理情绪。我们在第6章中已经看到,在处理情绪时,感知的灵活性对于保持大脑顺畅运行尤为重要。新近的关于大脑以高度集成的方式运行的观点让我们可以进一步明白为什么情绪及情绪意识对于灵活性如此重要,以及从更普遍的意义上来看，对于应对力如此重要。

情绪应对力

将大脑视为预测机器，即大脑作为一个高度变化的整体来运行，这种新兴观点告诉我们，大脑不需要靠几条不容改变的大脑回路来负责情绪，只要有极少数量的通用程序就足够了。有一个计算外部事件的效价程序（判断该事件是"好"还是"不好"），能对该事件快速分类，能与内部身体信息一起整合这些进程，有了这些就能帮助我们及时做出适当的反应。这就是这种观点的本质：我们的情绪是在"临时应急"的基础上构建的，而不是与生俱来的。

我们知道，当身体变化获得了不能单独执行的心理功能时，身体的变化被转化为情绪。换句话说，我们的情绪来自下面三者的结合：高度灵活的大脑、对其运作环境的详细了解，以及来自身体的内部信号的含义。这个观点源自对大脑是如何运行的更广泛的理解。根据这个观点，全部心理状态是在我们的思想、感受和感知全部聚集在一起的那一瞬间产生的。重要的是，这种临时融合是针对特定情境量身定制的，是通过借鉴以前有利于我们应对这一新情境的类似经验完成的。这种认为情绪是构建出来的理论为我们提供了解读情绪的不同视角。

以我逃离那条狗的追击时的恐惧经历为例。根据这个理论，当我看到狗朝我冲过来时，大脑中的基本生存回路表明需要立即采取行动（唤醒），情况很糟糕（效价）。同时，我的大脑将这一事件归类为"有潜在危险，也许很可怕"。通过启用我过去的经验元素，我之前曾被一种好斗的动物追赶（我小时候在水边被一只螃蟹追赶是个特别难忘的经历），我的大脑迅速预测身体需要做什么来应对这种情况。正是这些预测导致了肾上腺素激增，让我可以冲刺逃离危险。我随后将这种经历标记为"可怕"，让我感到恐惧的迥然不同的整体感觉经验又多了一条。

这些观察使得我们不得不重新考虑有关情绪的直观观点。就个人而言，作为一名多年来一直接受传统方法训练并用传统方法工作的科学家，我花了很长时间才接受这种新观点。虽然常常觉得它不对，但越来越多的证据使人不得不接受这一观点：情绪在很大程度上是构建出来的，而不是天生包装好的。

认为情绪是构建的而不是与生俱来的观点表明，情绪是通过对与当前情境相关的身体物理变化（例如心率加快）进行分类的过程产生的。当人处于性兴奋、进行高强度训练，或者快跑逃离好斗的狗时，心率都可能会加快。在每种情况下的物理变化（每分钟心跳次数增加）通常是相同的，但解释这些情况的方式会完全不同。这给了我们一个解读情绪的崭新视角。情绪不是天生的，而是灵活构建的，这样就能帮助我们应对快速变化的各种情况。这向我们明确展示了为什么情绪对于灵活性至关重要。如果情绪是以这种方式构建的，而不是像传统观点认为的那样是天生的，那么这就为我们提供了一个根据应对力的需要来操控并改变自己的情绪反应的窗口。仅举一个例子，我们可以通过调整对情境的解读方式来改变我们的感受。例如，将即将举行的公开演讲或展示重新定义为有趣的挑战，而不是威胁，就可以改变要构建的情绪。

大自然经常会创造出花样繁多的解决方案，帮助我们解决许多不同的问题。情绪是构建的这一观点，像传统的生物学上的基本情绪观一样，是基于进化假设的。只不过，两者得出的结论迥然不同。认为情绪是构建的观点不再强调每种情绪要使用大量特定的回路，关键的是数量更少的通用程序。这个想法很简单。大自然不会为每个特定问题开发一个特定的解决方案，因为这非常低效，而是通常会开发一系列程序，它们可以被用来解决各种各样的、完全不同类型的问题。与专门针对特定情况的流程相比，此类通用程序效率更高，并具有更大的灵活性。同样，情绪是构建的观点表明，搞清楚情绪是如何产生的对于理解如何保持灵活性至关重要。

这种思维方式在心理学中有着悠久的传统。这种假设就是：人如何感知物体，注意力被什么吸引，如何记忆和分类，甚至人如何学习新事物，都是广泛的、适用于许多情境设置的过程。一个很好的例子是：众所周知，人的短时记忆容量有限。我们知道人通常能够记住大约 7 ± 2 个组块。就是说如果给人一个包含 20 个组块的列表并要求他们尽可能多地进行记忆，人们记住的平均数量是 7 个，大多数人记住的数量是 5~9，即 7 ± 2 个组块。无论列表的内容是精灵宝可梦系列产品、超市手推车中的物品、单词还是数字，限制是一样的——无论什么内容，短时记忆都有容量限制。

我的情绪做我的主？

讨论至此，出现了一个基本问题：是否知道情绪来自哪里，以及是什么"工厂"制造的——"天生"的或"即时构建"的，可以让我们深入了解它们的实际用途吗？毕竟，情绪是我们的意识中最主观的元素。

尽管我们可能会描述相似的情感体验，比如说，伴随着喜悦而来的失重感，因为忧虑和畏惧而导致胃收紧，或由于焦虑而不停颤抖，但没有人能真正理解你的感受。正如我们所见，科学家对情绪的来源持不同意见——一些人认为大脑中存在遗传的情绪回路，另一些人则认为情绪是不同程序的临时组合，这些程序在情急之下组合在一起。但是，在坠入爱河、害怕或陷入深深的悲伤时，我们体验到的强烈感受对我们来说比任何解释都更真实。

为了找到情绪产生的原因，让我们走出实验室，回到日常生活中来。首先，我们明确的一件事是，情绪为我们提供了来自身体的内在信息。我们的感觉发出信号：一切都好或都不好——传统的正念疗法称之为"感觉基调"。它们给出的强烈的想法和鲜明形象，造就了活生生的我们。这些想法和形象可能具有破坏性，阻止我们前进；它们也可以鼓励并激励我们继续前进。身体感觉与强烈的想法共同引发行动，鼓励我们根据情境行事。想象当你在午夜走在空荡荡的黑暗街道上被抢劫犯用刀指着的场景。对于大多数人来说，压倒一切的恐惧感会"说服"我们交出贵重物品并尽快离开，但是对于我丈夫的一位当特种兵的朋友来说，正是这样的事件构成了"武装号召"，这是在他从酒吧回家的路上的"有趣"插曲。很快，他就解除了抢劫犯的武装，反扭抢劫犯手臂将他按在地上，用手机拨打了999，让警察把抢劫犯带走。他最主要的感觉不是恐惧，而是兴奋——所以才有了这个不一般的结果。

不同的情绪可以激发不同的行为，所以我们在某些情况下会做出非常灵活的反应。恐惧会让人逃跑、战斗或僵住；悲伤可以让人停止、继续或开始远离珍视的目标；喜悦可能会让人开始并一直保持愉快的状态；厌恶会让人躲开令人恶心的东西。当然，在现实中，我们不可能将感受整齐划一地分类，我们可能同时拥有相互矛盾的感觉。不过这些情绪可以大致被划归为愉快还是不愉快类，即定下"感觉基调"，这会帮助我们决定是继续坚持还是改变方针策略。

负面情绪很有用

人所有的情绪，即使是非常不愉快的情绪，对于人的心理健康和幸福都很重要。像愤怒或恐惧这类负面情绪与威胁相关联，可以缩小人的注意力范围以帮助人专注于可能伤害或妨碍自己或亲人的重大问题。这是负面情绪有时候令人无法拒绝的一个原因。

不出所料的话，负面情绪往往会"大声喊叫"以吸引人的注意力，所以"不好伺候"。感觉不好会让人避开造成这种感觉的情况，这可能是好事。举个例子，如果某一群朋友总是让你觉得情绪低落和愤怒，那么你可能会明智地反思这一点并决定减少与他们相处的时间。话虽如此，但你不应该回避不愉快的感觉本身。如果人一直避免压力或不适，就会限制自己的眼界，甚至可能无法实现自己的目标。

看看那些在困难中坚韧不拔的人，那些历经挫折却实现了目标的人，就会发现他们有一个共同点：如果糟糕的感觉与他们的长期目标共生共存，他们会去克服这种感觉。举个例子，如果要求升职让你害怕，你可以不管不问，这样自己会感觉好一些，但这可能在短期内是一种解脱，却对你的职业前景没有好处。运动员也不会喜欢在冬天寒冷的早晨起床训练，但他们知道养成早起习惯对实现目标很重要。

再回到我们变速箱这一类比来看，想象一下我要让你的大脑连续30分钟没有恐惧感，然后让你坐在汽车方向盘后面开车。你觉得你能坚持老老实实开车多长时间？什么能阻止你在急弯处超过以蜗牛般速度开车的老太太？下次开车安全到家时，请记住是因为有恐惧感你才能安全回家。同样，想象一下如果我擦除你大脑中所有的愤怒和挫败感，你坐到谈判桌边，你认为最终离开时你会拿到多少想要的结果？负面情绪，如恐惧、愤怒、厌恶等，都很重要，因为它们迫使我们专注于构成威胁的事件或事物。这就是为什么与积极、有益的事件相比，我以前提到过的"未雨绸缪脑"（rainy brain）——那些提醒我们有危险和威胁的大脑程序——对我们的注意力影响更大。

积极情绪的好处

虽然负面情绪必不可少，但在生活中经常体验积极情绪当然会更好。我指的是一系列独特的积极情绪，而不仅仅是一种普遍的幸福感（一些最常见的幸福感包括喜悦、感激、平静、兴趣、希望、自豪、开心、灵感、敬畏、爱和好奇心）。积极的情绪会拓展我们的注意力，开阔我们的思路，并促使我们发挥创造力。

积极的情绪刺激人想要更多积极的情绪，所以让人活力满满。积极情绪在大脑中的运行机制多少有点奇怪。积极的经历以不同的方式触发了我们大脑中的奖赏中心——伏隔核。这个奖赏中心可以分为两部分：一个让我们喜欢东西，另一个让我们想要东西。"喜欢"部分释放激素内啡肽，它们是天然存在的麻醉剂，为我们提供愉悦感（"喜欢"）；"想要"部分释放化学多巴胺，这使我们追求更多同样的东西（"想要"）并强化我们继续这样做的能力。

问题的关键是，"想要"并不总是与"喜欢"齐头并进（这就是为什么我们并不总是喜欢我们想要的东西）。很多我认识的专业运动员想要训练但并不特别喜欢训练。大多数吸毒者也是，他们虽然想要吸一口却讨厌毒品。事实上，我的一位司法精神病学家朋友告诉我，许多恋童癖者对于屈服于自己的冲动也很厌恶。

积极的情绪是强有力的激励因素。许多研究已经表明，积极的经历让我们敞开心胸，拓展我们的注意力，并激起我们的好奇心。如果你表现积极，兴趣会变得更广泛，创造力也会增加。积极的经历不仅能拓展我们的注意力，还被证明可以提升我们切换任务的能力。

如果心情好，人的思维过程也会更缜密，这会显著提高决策力。在一项研究中，一些医学院的学生有的收到了意想不到的礼物，有的听了令人振奋的音乐，这使得他们的情绪积极起来。对照组的学生没有收到任何礼物，听到的是对情绪几乎没有影响的中性或略显消极的音乐。当他们按照要求给几个关键症状做诊断时，心情好的学生能更快做出正确决定，在做决定时困惑也少。我们还发现，即使是有经验的医生，也是在心情好的时候诊断特定疾病更有效率，并且不太会被"锚定"到最初的期望结果中。

简而言之，心情快乐的医生更能接受新信息，甚至与当前想法相冲突的信息。当他们在权衡情境的方方面面时，注意力范围扩大了，思维灵活性提高了。这种情况不仅仅限于医学界。积极的情绪体验可以引导我们考虑情境的各个方面，从而使我们的评估更能反映实际情况，不易受到认知偏差的影响。

积极情绪对心理弹性的支持作用

积极情绪也与心理弹性密切相关。纽约市发生"9·11"恐怖袭击后，毫不意外，人们经历了各种各样的情绪，很常见的是对恐怖分子愤怒、恐惧、有敌意。然而，有些人能够在绝望中抓住欢乐的时刻并借机与家人和朋友联系，他们对未来充满希望，也得到了启示。能做到这一点的人，几个月后就恢复了心理弹性。所以，在危急时刻，记得尝试寻求哪怕是看起来不起眼的积极体验，比如和宝宝玩耍，给朋友打电话或享用一些最喜欢的巧克力。

积极的经历和情绪也可以"存储起来"在艰难时刻取出来用。如果经常经历积极情感，人的社会纽带会加强。随着学会开阔视野，灵敏应对困难情境，人的心理弹性自然会提升。多年的艰苦研究表明，如果积极情绪比对消极情绪的比例更高（尽管还有很多有争议，但是一般认为3∶1为比较合适的比例），你就会更好地应对日常困难和挑战。

如何提高积极性？

积极情绪科学给了我们许多在处理生活中遇到的困难时可以变得更积极的方式。要记住的重要一点是，只要经常尝试，哪怕是少量的积极情绪也可以创造奇迹。不过，有一点很明确，当你不想积极时,勉为其难结果会适得其反,让你感觉更糟,还会错失积极性的好处。我们都认识这样的人:他们假装乐观,采取不切实际的积极方式。如果积极情绪不切实际,那么就不值得硬去制造积极。以下做法有助于提高积极性而又不必太费力气:

- **心存感恩**:这是最简单的让人情绪积极的因素之一。自问快乐的日子有什么事情发生?什么让你感恩?答案可能是晴天,可能是你养的狗狗,也可能是一大群朋友这样简单的原因。找到让自己感恩的事物是提高积极性的简单方法。
- **保持好奇和开放心态**:保持开放心态和好奇心可以帮助人摆脱消极情绪,这使人不会只专注于坏事,看到事情好的一面。所以即使不喜欢,也要试着保持好奇心。
- **对人友善**:对他人和动物表现友善通常并不难。大量证据表明简单的善举可以给人温暖的幸福感,整体提升积极情绪。
- **心存感激**:如果有人帮助了你,或者对你友好,要向他们表明你感激他们所做的一切。这不仅会提升他们的积极情绪,还会让你感觉更好。
- **真实**:不要试图假装积极。如果感觉非常糟糕,还在困难中挣扎,请向自己和他人承认这一点。请注意不要沉溺于消极情绪中。如果你遭受了重大挫折,可以消沉一段时间,但过一段时间后要试着找些事情做,让自己专注其中并摆脱坏心情，这比试图表达负面情绪更有效。

总之，积极情绪不仅仅能让人感觉良好。积极情绪让我们获得新的体验和人际关系，激发我们的好奇心和创造力。积极情绪就像一朵向阳开放的花朵，让我们惊异于生命的多样性。因为积极情绪，你会拥有永不枯竭的资源——比如朋友，可以借鉴的各种经验，目标感，生活的意义——情绪易逝，资源永存。

这对我们所有人来说都是"好"消息！

本章小结

- 情绪使我们在应对挑战或变化时具有极大的灵活性,所以说情绪是应对力的重要基石。
- 所有的大脑区域都密切互联。
- 人的情感体验可能是构建的,不是天生的。
- 人所有的情绪,无论是消极的还是积极的,都很重要,因为它们为我们提供了至关重要的"感觉基调",告诉我们是否一切安好。
- 情绪是连接思想和决策的变速箱。
- 虽然消极情绪有助于我们的生存,但积极情绪的作用不应该被低估。它们至关重要,可以帮助我们出色应对各种情况,提高应对力。

第 11 章
学会调节情绪

我曾经听过一个有趣的故事，一位著名教授在一次重要的国际会议上发表了关于情绪调节的主题演讲。讲座结束时，在提问过程中，一位长相肥胖的听众站了起来。"您能不能告诉我究竟为什么说情绪调节重要？"他问教授。教授沉默不语，冷冰冰地盯着他。"我无法回答，"教授说，"赶紧坐下，你这个胖子！"观众倒吸一口凉气。他们没听错吗？他真的这么说？连提问者自己也发怒了，"你怎么敢当着这么多人的面这样跟我说话！"他怒不可遏，"我在这里花了一个小时听你喋喋不休，诚心问你个问题，你却侮辱我！"演讲者马上恢复了平静的状态，说"先生，请您原谅，我对刚才的无知感到惭愧，作为弥补，我会在谈话结束时免费送您一本我写的书，再给您一瓶威士忌。我想我自己也需要一瓶！很抱歉。请您接受我的道歉！"男子被安抚了，接受了他的道歉，重新坐到座位上。演讲者停顿片刻，"先生，"他笑着说，"我算是回答您的问题了吧？"

控制情绪

虽然与情绪保持一致并接受各种情绪没错，但有时强烈的情绪可能会让人难以接受，所以需要找到控制强烈情绪的方法。日常生活中随时随地都要学着控制情绪。这对于应对力非常重要。为了冷静地评估情况并找到解决问题的最佳方法，我们需要认真观察思考，不要被强烈的情绪蒙蔽而冲动行事。一般说来，情绪对我们有好处，可以帮助我们在各种情况之间调整和转换，所以情绪对于思维灵活性尤其重要。但情绪也可以让人不知所措，所以要真正训练思维灵活性，我们需要在情绪阻碍解决问题时加以控制而不是在情绪帮助解决问题时控制情绪。多年前，当恐惧使得我紧紧抱住潜水柱时，它并没有帮到我。所以，我必须控制恐惧的情绪，才能勇敢地突破海浪，游到安全的地方。同样，深陷热恋的人可能对所爱之人的判断也并不准确。

我们可以从一种被称为"辩证行为疗法"（简称DBT）的所谓新一代谈话疗法中学到很多如何调节强烈情绪的知识。这种形式的治疗强调帮人改变无益的思维方式，并接受真实自我。"辩证行为疗法"意味着试图理解看似矛盾的两件事——比如接受真实的自己，但同时又想改变自己的行为——都有其正确性。

举一个我辅导足球运动员酗酒问题的例子。他坦言自己感受到了竞争的压力，但又不敢向教练承认这一点，所以他靠喝酒来抑制他的极度焦虑。虽然焦虑隐藏得很好，他的酒量却越来越大，并开始使用镇静药物。在克服压力的过程中，我们都意识到他的做法对于减轻焦虑和压力绝对有意义，这是先表达接受的态度——我们没有判断他的行为对错，而是同意这是他找到的应对压力的一种有效方式，至少在短期内有效。不过，我们都觉得，从长远来看这种做法不会真正缓解他的压力，却很快就要影响他的表现成绩。很明显，他需要找到应对压力的新方法。

为此，我们探索了他真正喜欢的事物，并发现他一直觉得烹饪非常轻松。去当地市场购买新鲜食材，然后烹饪美味总是让他感到放松，但在他搬到城市里并加入新俱乐部后就不再这么做了。于是，我们决定让他安排人把新鲜食材送到家，开始重新点燃他对烹饪的热爱。他做菜很有创意，常请周围的一些朋友吃饭。虽然他并没有完全停止饮酒，但他发现自己不再依赖喝酒来放松自己，取而代之的是准备食材、烹饪和吃美食。这样做的一个积极作用是他发现自己开始睡眠好了，这也有助于他应对压力。

帮助我们控制强烈情绪的治疗技巧

辩证行为疗法建议使用以下方法来处理困难——找出自己用的是"哪个大脑"。情绪大脑是通过情绪和感觉来解读事件的大脑部位；理性大脑是通过事实和数据了解情况的大脑部位；智慧大脑，它将情绪大脑和理性大脑结合在一起。要诀在于让智慧大脑发问：

"符合我的价值观时，我需要做什么？"或者换句话说，"我追求的是什么样的真相？"简单地自问"我是在用哪个大脑思考？"让人在一定程度上控制局势。我们可以接着问自己："如果用智慧大脑，我会怎么做？"当然，智慧大脑最有可能让应对力处于有效运作的状态。所以，培养智慧或"应对力大脑"对于处理困难情况非常有帮助。

辩证行为疗法还开发了一种有用的 ABC-PLEASE 技术，可以帮人更好地应对可能的不愉快情绪并培养情绪弹性。我们都可以使用它来应对压力并从中恢复过来。

ABC-PLEASE 技术：

- 尽可能多地**积累**（A）积极的经验［Accumulate］
- 通过学习自己喜欢的技能来**培养**（B）能力［Build］
- 通过做好背景调查并制订计划做好**应对**（C）［Cope］
- **身体**（P）疾病——如果生病或受伤了，要妥善处理并治疗［Physical illness］
- 尽量**降低**（L）健康状况不佳的可能性［Lower］
- 健康**饮食**（E）——确保满足自己，吃饱喝好［Eat healthily］
- **避免**（A）改变情绪的（非处方）药物［Avoid］
- **睡眠**（S）——确保不会睡得太多或太少［Sleep］
- 定期锻炼（E）［Exercise］

以上都是普遍适用的生活规则，可以通过保持觉知、精力充沛，有效调节强烈情绪来提升应对力。做好身心准备对提升应对力来说必不可少，因此这些普遍适用的生活规则至关重要。

有时需要更具体的策略

当然，有时我们需要更具体的策略来帮助调节情绪。值得庆幸的是，许多措施可用作调节特定的情绪。工作需要做重要演讲时，人就希望减轻焦虑，而若最近失去了爱人，则需要在见朋友前消除一些悲伤情绪。虽然我们的情绪有时让人感觉无法控制，但有很多方法可以改变情绪状态。重新考虑困难情境，将其分解为更易于管理的几部分，或听欢快的音乐来缓解情绪低落，都是情绪调节以减轻压力的方法。寻找办法来改变对不断变化的情境的看法和感受，可以使人在危机中做出良好反应而不是屈服于恐慌和焦虑。尤其在处理持续的压力情况时，培养良好的情绪调节技能至关重要。

如何调节情绪

我们目前仍然对如何调节情绪知之甚少，这是一个新兴的研究领域。要学习如何调节情绪，你需要做出一些决定。

- 首先，问问自己是否需要调节情绪？你需要抑制焦虑感觉吗？需要提升低落情绪吗？需要降低兴奋程度吗？
- 其次，选择最佳监管策略。你可以自问是否有可能改变自己的处境，或者是否可以分散自己的注意力？如果你需要看牙医，逃避通常不是明智的选择，通过听一些喜欢的音乐来转移注意力可能会有所帮助。研究表明我们一般可以使用四种类型的策略：改变情境，转移注意力，改变对情境的看法，改变应对方式。
- 决定如何将你选择的策略付诸行动。密切关注事态发展，然后决定是坚持自己选择的策略，改用另一种方法，还是不再尝试调节情绪，先让自己停下来。

情绪调节是个持续的过程，也是应对力的核心部分。下图是四种可以使用的常见策略。

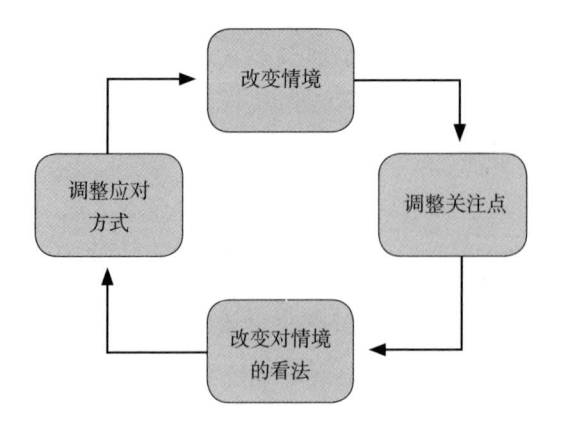

```
    改变情境
  ↗         ↘
调整应对      调整关注点
方式           
  ↖         ↙
    改变对情境
     的看法
```

有时候，如果可能的话，改变情境是最好的方法。因此，前面例子中我会快跑逃离那只好斗的狗。在其他时候，如果无法避免某种情况，加强某些心理过程，比如换种方式解读情境或改变注意力的焦点，也同样重要。这样做可以帮助你在未来发生的事件中调节情绪。找到不同方法来解读和重构压力事件的能力尤其有用。你还可以做一些直接影响情绪反应的事情，包括放慢呼吸节奏，或通过某些刺激方法来提高能量水平等。

下表列出了一些可以帮助我们应对压力情况和强烈情绪的具体策略。这些策略大多数情况下都会有帮助，但有些——比如反复思虑和担忧——很容易失控。

改变情境
你也许可以完全避免这种情况。 你也许可以用幽默来缓和局势。 寻找可以支持你的朋友或同事，从而使情况变得更容易面对。 有时只需关闭手机即可。
调整关注点
开始注意自己的呼吸——数数吸气的秒数和呼气的秒数。这样做几分钟可以让你"定下心来"。 考虑其他事情帮助分散对情绪状况的注意力。 尽管反复思虑或担忧常常使情况变得更糟，但有时候这种对为什么自己会有如此感受或弄清楚未来可能会出现什么问题的思考可能会分散你的注意力。从而有所帮助。

（续表）

改变对情境的看法
退后一步看大局或看事物的闪光点来，以此重新解读某种情境，通常会有所帮助，它有一个专门的心理学术语——"重新评估"。 另一种有用的技术被称为"认知疏离"，即从旁观者的角度来看待自身和自己处理情绪事件的方式。 接受令人痛苦的情况并让自己体验随之而来的负面情绪也会非常有帮助。
调整应对方式
喝点酒来缓解焦虑或帮助自己放松，或者喝一些含咖啡因的饮料或能量饮料来暂时提升情绪状态，这些在短期内都会有用。 暂时抑制自己的感受，比如说即使不喜欢也要微笑，有时会很有效。 再强调一下，深呼吸很有用。如果你感到非常生气，深呼吸几次可以帮助你平静下来。 如果你发现自己因过度疲劳而对情境过度反应，可能要设法多睡一会儿。 锻炼往往很有效果。你可以出去跑跑步或去健身房锻炼一下，这会让你更有活力或让你平静下来。

为了讲得更清楚明白，我分享一下我辅导过的一位成功女商人曼迪的经历。曼迪因为长期焦虑来寻求帮助——其实她的问题并非真正的焦虑，而更多地与情绪调节有关。实际上，她过着令人羡慕的生活。她有美满的婚姻，两个乖孩子在学校表现良好，朋友也很多，她也喜欢自己在一家大型建筑公司的工作。她的职责是为公司争取利润丰厚的新项目。这项工作要求很高，待遇也很好。总而言之，她经常能拿到大型建筑项目的大合同，我有时会看到她的名字和一些令人激动的伦敦新开发的房地产出现在新闻中。

曼迪没能做到100%签约——有谁能做得到呢？——她控制不

住老想着她没有成功签约的合同。一遍又一遍，她会不断反省自己是否做错了什么：是自己没有很好地展现公司实力吗？为什么没能说服潜在客户，告诉他们公司可以提供比竞争对手更好的全方位服务包？曼迪一旦开始思考她的工作，思维就陷入了失败案例带来的各种消极想法的漩涡中。更糟的是，她的负面情绪占了上风，尽管她成功签约的时候更多，却会因为偶尔的失败而变得情绪低落。

我们一起从上面四组策略中选出几个来帮助她。曼迪意识到她把担忧作为一种关注没有解决的问题的方式——这种对负面的关注必须改变（**调整关注点**）。因此，她与同事分担担忧，经常聊聊为什么没有成功的有趣故事（**改变情境**），这在一定程度上改变了她的情况。她还积极尝试放眼大局，并意识到没有人能 100% 成功，以此来重新解读情境（**改变对情境的看法**）。她不再专注于失败，而是学会了庆祝成功并将成功延伸到不同情境中。最后，她还确保自己规律运动，再加上改善睡眠，这样她就不会对压力过于敏感了。她还学会了在开始感到有压力的时候做做深呼吸练习（**调整应对方式**）。随着时间的推移，曼迪学会了管理和调节担忧和负面情绪的方法。

可以看到，情绪调节能力和应对力本身一样，是不断持续发展的过程。不是我们先有了情绪，然后才去调节它。相反，我们一直在体验着多种情绪，这意味着我们不仅要不断地倾听情绪的呼声，而且要决定是否需要调节情绪，如果需要，就选择最佳方法调节。

针对曼迪的情况，结合各种不同的方法是最好的解决方案。

许多人会被负面情绪打扰，并且难以调节负面的想法，这会破坏应对力。人一般天生会关注负面信息，这是可以理解的。我们的大脑总是会放大潜在的危险而不是奖赏，因为对于我们的祖先来说，为了生存，注意到威胁比其他一切都重要。对我们大多数人来说，消极情绪像是猫薄荷对于猫，量少可以，过量有害。当这些想法成为习惯性反应或变成临床心理学家所说的"负性自动思维"（ANTs）时，问题就出现了，如果我们对每种情况的无意识反应是消极性的，那这种消极思维就会螺旋式上升，越来越多。换句话说，消极情绪失控了。这些负性自动思维因人而异、无处不在、无所不包。正如我的来访者曼迪发现的那样，负性自动思维可以感染生活中的一切，毁掉一个人的幸福。

要记住的重要一点是，这种负性偏差并不总是坏事。有时对潜在危险保持警惕很重要。这就是为什么我们所有人都会有消极的想法，但这些想法并不一定会导致抑郁和焦虑。认知偏差本身不是问题所在，问题在于它的刻板程度。大脑陷入抑郁或焦虑的主要特征之一是陷入这些习惯性、重复性的思维方式，大脑不断地发出信号让我们无法自拔。因此，情绪调节的一个重要方面是想办法阻止消极想法失控。没有什么比陷入无休止的担忧和反复思虑循环更能破坏一个人的应对力了。

如何管理消极想法

这样看来，学会管理消极想法很重要，要弄清楚消极想法什么时候有用，什么时候没用。有很多方法可以重新定义你看待事物的方式。假设你想在工作中变得更自信，先仔细想想你为什么不自信，是因为怕别人说你"咄咄逼人"吗？想想你可以如何重新思考这些无益的想法。试着写下你的一些想法，例如"如果我更自信，大家不会喜欢我"或"如果我要求加薪，老板会认为我很嚣张"。接下来看看下面的问题，再重新考虑一下你的想法：

- 你的这个想法非黑即白，一点儿不能变吗？
- 这个想法是否包罗万象？"总是"或"从不"这样的词有风险。
- 这个想法的前提是你了解其他人的想法吗？
- 这个想法是否侧重点在消极方面？
- 这个想法是否包含你觉得"应当做"的成分？
- 这个想法是否是对他人的责备？或者你在自扮受害者？

令人惊讶的是，如果解决了以上问题，你原先的想法就不再那么有力了。像这样变身侦探询问自己的看法后，人们通常会发现这些想法是基于你自己的一套有严重偏差的假设，而不是基于事实。将"我太咄咄逼人"改成"我正在努力实现升职的目标"或"我的加薪请求是合理的"，可以奠定你开始定期挑战自己看问题的视角的基础，最终使你摆脱思维的刻板僵硬，而变得更加灵活。你需要从大局出发，改变过度关注不足之处的做法，不要像以前那样紧盯画面的微小细节，要从大局考虑问题并思考怎样解决真正的问题。

不再问"为什么会这样"，而是问"怎样才能解决问题"

许多研究明确告诉我们，没有什么比反复纠结于"为什么会发生不好的事情"更让人不开心的了。脑海中的负面信息喋喋不休——为什么我得了癌症？为什么我的男朋友甩了我？为什么我没有得到那份工作？这些负面内容会循环不已，无法摆脱。所以，每当你发现脑中有这些"为什么会这样"或"要是……多好"的想法时，可以将它们改成"怎么才能"或"能做什么"的问题：我怎样才能让自己感觉更好？我现在能做些什么来改变这种情况？

临床心理学家发现这个简单的技巧很管用。与创伤后应激障碍作斗争的人通常是在想为什么会发生事故或创伤，而这只会让他们陷入负面思维的困境。发现这一点，并用"我能做些什么来继续以后的生活"来替代"为什么会这样"，可以奇迹般地改变一个人，因为这样一来消极思维循环就没有基本动力了。一旦你开始专注于"怎么才能"和"我能做什么"，"为什么会这样"的问题就失去了力量，你就可以摆脱大脑中的纠缠，重启正常生活。

情境重构也是一种有用的技巧

重构，有时被称为"认知重构"，可以帮助你控制对不同情境的反应。让我们看看另一个现实生活中的例子，了解一下认知重构的原理。约翰是一位 38 岁的男子，身体健康，曾在市郊一家大型工厂担任保安。他一般上夜班，大多数晚上没有什么情况发生，所以他最大的困难是不得不面对无聊，并努力确保自己不会睡着。后来在一天晚上值班的时候，三名男子袭击了约翰。其中一个人打了他一拳，另一个人用枪指着他并告诉他躺在地板上。约翰吓坏了，一直待在原地，直到他确定强盗已经离开。抢劫案发生两年后，他仍然患有严重的焦虑症，害怕离开家，害怕上夜班。

我让约翰连续一周把自己的消极想法和信念记下来。一周后，当我们一起翻阅记事本时，发现约翰的大部分消极想法都与害怕再次受到攻击有关。我让他评估他在工作中再次受到攻击的可能性，他估计这个概率为 80%。然后我鼓励他使用基本概率定律来挑战这个评估数字。

"你上夜班多少次了？"我问。

"数百次了。"他回答道。

"好吧，假如说两百次吧，"我建议道，"那么，你以前遇到过多少次袭击？"

"没有。"

"好，工厂里的其他保安呢，他们被袭击了多少次？"

"过去十年里，一次。"

当我们继续探讨时，约翰明白他大大高估了再次受到攻击的可能性。当然，袭击可能会发生，但这显然是罕见的事件。当我让他重新评估他再次被攻击的概率时，他认为可能在1%左右，这与他之前认为的80%相去甚远。慢慢地，约翰开始重新构建他的消极信念，承认他被攻击的可能性实际上非常低，而且不比其他人高。这种新的信念、这种重构，减少了他的焦虑，并帮助他重新开始了正常的生活。他现在变得思考"怎么才能"的问题，并找到了让自己开始享受生活的方法。

灵活使用何种情绪调节技术是关键

许多人会无意识地压抑自己的感受，重构感受与压抑感受恰恰相反。重构感受就像是在告诉一群在暴风雨中乘小船出海的孩子：虽然你感到非常紧张，但一切都会好起来的。虽然人们也普遍认为压抑情绪不利于健康，也有研究表明压抑情绪会导致心理问题，但就像生活中的许多事情一样，想在心理上重构感受并不容易。我们从研究应对力中学到的很重要的一点是，应对策略是否有效在很大程度上取决于情境。

一些研究发现，真正重要的是我们使用不同情绪调节策略的灵活度，而不是策略本身。例如，在纽约发生"9·11"恐怖袭击后，一项研究跟踪了一组100名18岁的学生，为期2年。袭击发生后不久，学生们来到实验室，按照要求看一系列高度积极或消极的情绪图像。对于一些图像，他们要"尽可能充分表达你所感受到的情绪"，而对于其他图像，他们要"尽可能抑制你在查看图像时感受到的任何情绪"。每个学生都被录像，并被告知有人会根据视频猜测他们是否感受到了情绪。也就是说，他们必须设法让观看他们视频的人能够弄清楚他们是感到平静还是焦虑。有些人真的很擅长压抑自己的感受，有的人擅长表达自己的情绪，而有些人则两者都擅长，并且能够根据指示轻松调整——有时掩盖情绪，有时表达情绪。事实证明，能灵活使用这两种策略对于心理弹性的发挥起着至关重要的作用。值得注意的是，恐怖袭击发生 2 年后再次接受测试时，那些在此任务中能够更灵活地表达和隐藏自己情绪的学生，与只喜欢使用其中一种策略的人相比，抑郁程度要低。

　　这个实验启发我们要以最适合所面临挑战的方式采取灵活的情绪调节策略。选择正确的调节策略很重要，经验通常是最好的导师。我们的身体会时刻了解周围的世界，发出信号促使大脑不断调整个人行为。所以学会倾听自己的身体和情绪，这些是应对各种情境需要的关键技能。如果觉得冷，可以喝杯热汤；如果觉得累了，可以停下正在做的事情休息一下。我们的情绪调节需要以同样的方式不断适应。一方面，我们需要灵活性，根据情况调整自己的情绪；与此同时，不要伪装，面对真实的自己。

管理情绪的有效方法——接纳自我

"接纳与承诺疗法"（ACT）是基于敏捷性和真实性原则的强大的治疗方法。该方法鼓励人们接纳自己，而不是拼命试图改变自己。关键原则很简单：你的行为必须始终以你的核心价值观为指导。接纳与承诺疗法就是采取基于价值观的行动来激发真正的行为改变。其理念是：

- 接受自己的想法和感受，活在当下
- 选择与自己的价值观一致的前进方向
- 采取适当的行动

这是为什么要确立价值观和目标（正如本书前面花了一些时间研究的那样）的另一原因。其理念是接受生活中的负面情绪和想法，并把精力更好地投入真正重要的活动中。

人的想法并不是对现实的描述

要"摆脱大脑的执念"，调节情绪，变得更灵活，你必须得明白：无论一个人的想法多么强大，都不是对"现实"的真实描述，相反，它们表示的是个人经历。这两者区别很大。你的想法对于了解你本人很重要，但它们不一定能让你对外部世界有一个真实的了解。人们有各种稀奇古怪的想法，这些想法与真正发生的事情关系不大。陷入这样的错误信念中——你的消极想法揭示的是真相——会导致无以言表的痛苦。

　　艾伦正在接受我的咨询辅导。他向我解释说，他多年来一直情绪低落，缺乏动力。"这是身体问题，"他向我保证，"不是心理问题。"他五岁时遭遇车祸，虽然他没有受伤，但艾伦坚信车祸造成了不明脑损伤，这是他没有动力、不能享受生活的原因。他的解决方案是每天花大部分时间把过去的点点滴滴拼在一起，天天反复思虑、焦虑不已，还试图弄清楚自己是从什么时候开始注意到自己有问题的。他坚信那次事故是他的大脑"运转"与其他人的大脑不同的关键。

　　因为这个执念，艾伦的生活被搁置了很多年。他做了脑部扫描，找神经科医生、精神科医生和心理学家看病或咨询。结果谁都没发现问题。我试着提出自己的看法：他的大脑本身没问题，一切问题都是因为重复的消极思维导致的。我给他看了几项研究，向他解释有很多人像他一样有执念，也天天胡思乱想，但这种方法不管用。虽然他赞成这些研究的结论，但他坚持认为这些研究对象和他不一样。他认为，他之所以老想事情，是因为他的大脑出现了生理异常。"单纯解决大脑老想事情的问题根本没用。"他说。

　　最后，我让艾伦采取更灵活的方法，学会接受他觉得大脑受损的想法可能对也可能不对。一旦他开始认真考虑他的想法有可能是错误的，他就走上了康复之路。当然，要迈出这一步说起来容易做起来难。艾伦经过两年的心理辅导和认知行为疗法治疗后才出现了突破。

有时，我们需要像艾伦一样，接受"通过反复思虑找出自己在生活中挣扎的原因并不是最有效的方法"。有时，就像艾伦一样，当你接受"自己的信念对错并不一定重要"时，突破就会出现。不要试图弄清楚大脑究竟怎么了，更好的做法是想办法帮助自己过上更充实的生活——寻找解决问题的办法而不是纠结于"为什么会这样"。

了解自己的感受

学会了解自己的感受是增强心理健康和提高应对力的一种方法。试图压抑感受来调节情绪的做法很自然，但通常不是很有效。在许多场合，学会体验和接纳自己的感受是有效的调节压力和焦虑的方式。

令人惊讶的是，表达性写作是这样一种有效技术。在一项研究中，有一组计算机工程师，他们在同一家公司工作20年后被裁员了。研究者要求其中一组他们写下失去工作后内心深处的想法和感受，以及失业对他们个人和职业生活的影响；另一组来自同一批刚刚被裁的员工，按照要求简单写写他们当天的计划和求职活动，不用写感受。

结果令人大开眼界。表达性写作组的人不仅感觉好多了,遭受的心理健康问题更少,而且几乎一半的人在八个月内找到了新工作,而对照组只有五分之一的人找到了新工作。学会通过简单地写下你对不同情况的感受来拥抱你的情绪,可以帮助你重新调整生活方式。我还要提醒一句,研究表明,表达性写作,尤其是写令人不适的情况,一开始可能会让人非常不舒服,但是大约两周后,这些早期成本就会逐渐下降,收益开始显现。所以要坚持下去,因为表达性写作的好处是长期的,会对你的幸福产生广泛的积极影响。

当然,要分清楚接受消极情绪和沉溺其中的界线。虽然没有硬性规定,但随着时间的推移,我们大多数人都会弄清二者的区别。心理健康的关键不是掩盖负面情绪,更不能深陷其中无法自拔。几项独立的研究调查发现,拥抱消极情绪并不会引起过多的沉溺。实际上,情况恰恰相反——接受负面情绪会减少对负面情绪的反复思虑——一旦接受负面情绪,负面情绪就会消失。请记住,情绪本身不会持续太久——是思考和反复思虑不良情绪导致人沉溺其中不能自拔,导致坏情绪持续不散,就像艾伦经历的那样。如果能视负面情绪如浮云,我们就更有可能从容应对自己的感受。

学会突破界限

一旦你对自己的情绪更加熟悉,你就可以开始寻找能让自己大显身手的方法。最近被提拔的高级管理人员安德里亚，她觉得公开演讲压力很大，来找我咨询。多年来，她要么压抑自己的感觉，要么回避演讲。这两种做法都不是针对这种情况的有效策略。但现在，由于她的新角色，安德里亚无法再避免在一大群人面前做展示，她也意识到她需要控制自己的恐惧。要改善这种情况最有效的方法是做一系列小调整，也就是"逐级暴露"。所以我们一起确定了让安德里亚感到自在的观众人数。她在最多6人的会议上表现得很好，但一想到站在60人面前讲话她就真的会害怕。"40个人呢？"我问。"太可怕了。"她回答说。"20人还是10人是可以接受的？"我继续问。"我想10个应该可以。"她答应说。

我召集了12名学生，请安德里亚给他们做个简短的报告展示。学生们参与其中，令安德里亚惊讶的是，她真的很享受这次经历。又练了几次之后，她开始变得自信起来，并开始意识到在人面前作报告并没有她想象得那么难。以一种不过分施加压力的方式突破她的极限，她学会了控制自己的恐惧。

在安全的环境中直面恐惧会帮助你进步，压抑自己的情绪或避免具有挑战性的情境却不会。提升的关键是为自己设个短期目标但不要给自己太大的压力。

学会远离无益的想法或感觉

我的学生和找我咨询的客户面前经常使用的一个类比是，我们的舒适区就像野生动物园里的游客步道，所有的动物——我们的"危险"或"不舒服"的情绪——被关在围栏里，我们可以在远处观察它们，这样很安全。但是，打开这些围栏的门是另一回事：这让人恐慌！

当然，如果我们在处理这些"狂野"情绪方面受过训练并且了解它们，就像安德里亚最终学会"驯服"她对公开演讲的焦虑一样，这种情况就不那么令人生畏了。有很多技术可供选择。比如，正念认知疗法练习，可以帮你在自己和无益的想法间拉开距离，这样你就可以毫不费力地控制它们。

"分散练习"就是一个很好的例子。其方法是先写下一些自我判断得出的消极想法："我很胖"或者"我很无聊"，或者任何你认同的东西。现在选择其中之一，并花大约30秒的时间专注于此，尝试尽可能完全接受这个想法。接下来，把刚才的想法换成"我觉得我……"。比如，你可以说"我觉得我很无聊"。这样重复几秒钟后，在前面添加"我意识到"，这样原来的句子就变成了"我意识到我觉得我很无聊"。现在换成其他的消极想法反复练习，一直练到你开始意识到与消极想法保持距离并不难为止。保持距离是一种强大的心理工具，它告诉我们人的想法可以自由来去，不是必然与现实挂钩的。

焦虑椅技术

我特别喜欢的另一种技术是"焦虑椅"练习。焦虑可以助长负面情绪，所以说想办法管理忧虑是调节不良情绪的好方法。找一个安静的房间，在空旷的地方放一把椅子。坐在上面并开始联想一直萦绕在你脑海中的负面想法或担忧。你可能担心下周的绩效考核成绩不会太好，那么就花一两分钟与围绕这种消极信念的各种想法待在一起，想象考核结果真的很糟。也许你的老板关心你，会给你个期限弥补一下，但这不重要，要注意你的被困和痛苦的感觉，要沉浸其中。什么时候你受够了，就起身走到房间的另一头去看并观察那个忧心忡忡的自己，就好像那个你还坐在椅子上一样。仔细观察你看起来有多悲惨。注意将在椅子上"忧心忡忡的你"和"在做观察的你"区分开来。

这种技术是另外一种强大的心理工具，可以帮助你从自己的忧虑和与之相关的负面情绪中分离出来。渐渐地，你会学会在两个角度间轻松切换。有人在伴侣去世后悲痛欲绝，他们要学着与"悲伤的自己"保持距离。但在某些场合，例如周年纪念日时，他们仍然能够与悲伤的自己合二为一，纪念他们的爱人。

自我谈判术

"自我谈判术"是第三种技术，与"焦虑椅"技术有点相关。它源自冲突解决领域，我多次在辅导中使用该技术。大多数人质谈判者遵循"五步法"让对方看到他们的观点并改变自身行为。虽然你可能永远不必与考虑自杀的人交谈，或与全身武装的陌生人打交道，但这些步骤在日常情况下同样有用：

- **积极倾听**：花时间真诚地倾听他人的话，不要打断
- **有同理心**：尝试并理解他们为什么会有那样的感受
- **建立融洽关系**：利用社交技巧，也可能需要通过幽默方式，与之建立融洽关系，或者告诉他们你曾经有过同样的感受
- **利用影响力**：一旦与之建立了融洽的关系并进一步了解了正在发生的事情，你也许可以尝试心平气和地说服对方深呼吸，并进一步交谈
- **行为改变**：希望到这个时候对方会开始改变他们的行为和计划

大多数人一般会跳过前三个步骤，尝试直接解决问题，尤其是在形势紧迫的情况下。然而，有经验的谈判者会告诉你这行不通，因为倾听才是最关键的一步。只有以非常真诚的方式倾听，你才能了解对方问题的根源来自哪里，他们有什么样的感受。一旦你有了同理心，你才可以与对方建立融洽的关系，让对方开始信任你。只有这样，你们才能开始尝试一起解决问题。一名优秀的谈判者必须适应这一过程中第一步的情况，灵活应对，既保持同理心，平息局

势，同时始终控制住自己的情绪。

请记住，处于危机中的人不想听别人说，他们想自己说。想想上次你真正生气的时候，你是不是有兴趣去听对方在说什么？我想不是。当我们处于危机中时，我们常常被情绪压倒，做事不理性。在这种情况下，要解决对方的困境，至关重要的是倾听，真的听，听对方要说什么。真正的聆听最终会化解强烈的情绪。用心倾听、有同理心、建立融洽关系可以防止"暴躁"情绪进一步升级。再一次强调，这些技能是提高应对力实践者工具包中的有用组成部分。

在列出优秀的谈判者的重要特征时，经验丰富的警察部门危机谈判专家给出了以下三个最重要的答案：

1. 认真倾听
2. 耐心、冷静、沉稳
3. 处事灵活、随机应变、思维灵活

"保持灵活，随机应变"对于建立融洽关系贡献了近一半的力量。同样的技能对于在非危机情况下培养应对力也至关重要。通过学习调节自己和他人的情绪，我们可以学会更好地管理日常生活的起起落落。

要记住的是，优秀的谈判者总是有计划的，他们不是只靠"临场发挥"。在他们仔细聆听并与对方建立融洽关系的时候，他们始终牢记最终目标，他们所做的一切都是为了达到这个目标，同时采用灵活的方法。对于生活中的许多情况，包括提高应对力，重要的是了解采用什么方法会有效，为什么有效，然后练习，练习，练习，一直练到可以用这种方法轻松自如地做事或思考。

将这种制订计划的好习惯运用到你自己的生活中非常重要。要大力培养应对力的第三大基石，但困难不仅仅在你与他人进行艰难对话或遭遇困难情况时，当你可能与自己进行艰难对话或遇到困难情况时也需要。

1. 认真倾听自己的声音
2. 对自己有同理心
3. 与自己建立融洽的关系
4. 影响自己
5. 改变自己的行为

制订一个明确的计划，预先决定你在不同潜在结果的情况下要做什么。有这样的计划会让你感到有控制感并会帮助你提前管理情绪，这样你就可以针对不同情况做出适当的反应。

将情绪标记分类

大多数人都能识别常见的情绪，例如恐惧、愤怒、快乐或厌恶,但有很多"复杂"的情绪体验,例如敬畏、骄傲、嫉妒、感性、柔弱或宽慰不易被描述。描述它们的能力对你的心理健康很有意义。

当你听说唐纳德·特朗普在2020年美国总统大选中失败时,你是喜出望外、欢欣鼓舞、兴高采烈还是如释重负?或者你感到沮丧、失望、震惊或愤怒?这种以细粒度描述情绪感受的能力被称为"情绪粒度"。就像因纽特人有很多描述雪的词一样,有些人能用很多词来描述情绪,比如他可以精准分辨出恐惧、厌恶、愤怒、悲伤或忧虑。而那些情绪粒度较低的人除了用"不愉快"或"糟糕"这两个词外可能无法更详细地描述不愉快的感受。能够更准确地标记自己的感受可以更清晰地界定情绪,并帮助明确它们的含义。它可以让你了解自己的触发点——你为什么因某事感到焦虑或担心,为什么对某人生气。最终,用非常清晰的语言来解释你的感受可以让你自我调整并应对各种情况。这就是为什么这些情绪调节策略对培养应对力很有用。

情绪粒度对提高我们情绪调节能力的作用在以下研究中有所揭示。该研究告诉我们该如何自学这些技能。志愿者按照要求在两周内记下他们使用不同情绪调节策略的程度。通过尝试在困难中找到一线希望,避开不愉快事件来分散自己的注意力,或设法积极参与让人愉快的活动等来重构情绪,志愿者要连续记14天日记,这样他们就可以将每天最强烈的情感体验分类记下。他们可能要记下的积极情绪包括喜出望外、兴高采烈、热情十足和开心愉悦，而负面情绪包括紧张、愤怒、悲伤和遗憾等。研究表明，那些难以区分负面情绪的人不大可能用有效的策略来调节情绪，而那些能够将负面情绪详细标记归类的人时使用了更多策略以应对不良生活事件。

　　研究发现，越细致的分类标记积极感受对我们越有益，并有助于心理弹性的提升。好消息是情感粒度是可以学习的。所以下次如果感受到强烈的情绪——无论是积极的还是消极的——要尝试找到各种各样的词汇，甚至用可能来自不同语言的词汇来描述情绪。学习各种词汇来简单标记自己的感觉是我们可以学会的最简单的调节情绪、改善心理健康的方法之一，这种方法也会给人带来惊喜。

本章小结

- 调节情绪是应对力的重要组成部分,因为它允许我们退后一步并清楚评估情况,这样我们就可以更好地考虑最适当的做法。强烈的情绪会使我们冲动行事,有时会犯错,所以学习调节情绪是培养应对力的基本组成部分。
- 在管理情绪时,要重视思维灵活性,同样也要做到坦诚面对。能够积极重构事件会非常好,但假积极是有害的。
- 学习多种调节情绪的不同方式。随着情况的发展,灵活选择调节方式至关重要。没有一种解决方案能做到放之四海而皆准。
- 一个可能的做法是学习根据细微的差别分类标记自己的好感受与糟糕感受。这样做会给我们带来更大的"情感粒度",这是帮助我们增强幸福感、提升情绪弹性的好方法。

应对力的第四基石

情境意识

第 12 章
直觉的本质

早在1984年我还是学生的时候,我在美国过了个快乐的暑假。那个暑假我在餐馆打工,过得很开心。那个夏天漫长而炎热,我和朋友玛丽亚时来运转,当上了纽约长岛尾端的蒙托克酒店的女服务员。这份工作报酬不高,但我们俩可以住在辽阔的沙滩边上。我们早上6点左右开始工作,到午饭时间结束。整个下午我们都在海滩上度过,晚上则在一家昂贵的鱼餐厅打第二份工。

大笔的小费滚滚而来,住宿免费,还有很多空闲时间,我们玩得很开心。蒙托克是纽约的海滨游乐场,挤满了从曼哈顿和更远的地方来此度假的人。我们很快遇到了来自世界各地的许多其他学生,他们在度假村周围的许多酒吧和餐馆工作。

我们与一个独自旅行并在同一家酒店工作的美国女孩珍妮成了好朋友。她很活泼,很有趣,向我们介绍了她认识的许多人。当她有了英俊的男朋友时,我们都没觉得意外,我清楚地记得我们多么羡慕她。随着她和男朋友在一起的时间越来越多,我们就很少看见珍妮了。

一天下午，我一个人去海滩，遇到了珍妮和她的新男友。我再次感叹于他的英俊和迷人，但我也感觉到了别的东西。这种感觉很微妙，但我很快就意识到这是一种说不上来的感觉，让人不舒服，让人担心。我无法确定那是什么，但当我和他说话时，他的目光停留在我这儿的时间有点太长了。这根本不是卖弄风情，而是带有敌意，让人不安。在接下来的几个星期里，我有同样的直觉，靠近他让我越来越不舒服。我记得当时自己也很诧异，因为他实际上并没有做什么吓人的事或说什么吓人的话。但我就是一直有一种不安的感觉，对他非常警惕。一天晚上我把这件事告诉了玛丽亚，结果她也有同样的感觉。

几周后，我和玛丽亚半夜被一声巨响吵醒。是珍妮的男朋友在踢我们的房门，问我们珍妮在哪里。他怒不可遏，说她肯定躲在我们的房间里。我们打开房间的门，但仍锁着纱门，这样他就可以看到珍妮不在我们的房间里。但他的怒火却丝毫不减，样子很可怕。他用力推开纱门，大喊大叫，非说我们肯定知道她在哪里，最后气冲冲地走了。

谢天谢地，珍妮虽然受了惊吓，但一切还好。她告诉我们，在过去的几周里，她越来越害怕他。在接下来的几天里，我们都接受了警方的讯问，询问我们了解他哪些情况，我们是否知道他可能去了哪里。原来他夏天早些时候在加利福尼亚犯下几起强奸案，我们被警方询问时他已经畏罪潜逃了，这一切让我们非常震惊。

这次的经历让人不寒而栗。直到今天，我都无法解释为什么我在他面前时感到危险，有些担心，尽管所有"外部"证据都表明他是个有魅力的好人。但我的大脑显然意识到了警告信号。我们的许多"直觉"都是基于对周围环境——情境——的深入了解，这是我们可以发展训练的一项重要技能。正是出于这个原因，直觉是应对力的重要组成部分。直觉通过为我们提供来自周围环境的微妙信息，帮助我们在正确的时间做出正确的决定。

直觉的本质

许多心理学研究告诉我们，直觉是一个非常真实的过程，大脑利用过去的经验以及来自环境的信号和线索来帮助我们做出决定。这个决定发生得太快，快得都来不及向大脑意识登记报到。目前一项有代表性的研究证明了这一点。在该研究中，志愿者必须从两副牌中选择扑克牌，他们不知道这些牌由人操纵。其中一副牌大输大赢，而另一副赢的少也输的少。志愿者平均需要出完近80次牌才会发现这一点。非常有趣的是，研究发现：大约摸了仅仅10张牌后，志愿者们就知道哪张牌是"危险"牌组；经过进一步调查，研究人员发现志愿者在选择高风险／高收益的牌时经历了所谓的皮肤电反应——出汗增加。研究人员得出的结论是，这种身体信号产生了一种直观感觉，可在大脑意识到发生了什么之前指导决策。很明显，在没有掌握所有事实就必须做出决定的情况下，获得这种直观感觉很有用。

直觉是能大致展示某种情境的那部分大脑。这些直观的提示快得几乎让人难以察觉，但可以让人无意中获取有关环境的信息。直觉是一种无法表达出来的感觉，不是通过学习而是通过渗透获得的知识。直觉为我们理解复杂的日常情况和问题的能力奠定了基础。"直觉"很容易被忽略。即使我们无法查明原因，我们大多数人也会有一种直觉，觉得有些事情不太对劲，就像我经历过的，在珍妮的男朋友身上感受到不安时的那种体验。这些直觉对于学习新情境的文化规范也很有帮助。因为大脑在意识反应前就分析了模式和概率，这些直观的提示对于适应不熟悉的新环境非常有用。

当我 25 岁就博士毕业后，我非常兴奋地在新西兰——一个似乎距离都柏林相当遥远的国家，找到了我的第一份学术工作。虽然爱尔兰和新西兰在文化和语言上大体相似，但移居到另一个国家难免遭遇文化冲击。接下来的几周和几个月里，我学得很快。我很快就知道了不要拿橄榄球开玩笑。它在我的故乡爱尔兰是让人备受喜爱的运动，但在新西兰竟然是国家运动，要严肃对待。

没有人直接告诉我这一点，但我学得很快。观察他们的反应和他们谈论橄榄球比赛的方式告诉了我需要知道的一切。这种直观的认知很难解释，我们只知道什么时候对，什么时候错。虽然我们不一定对此有清晰的意识，但直观的认知却会指导我们的行为。人们觉得直觉敏锐的人具有神秘的力量，能从宇宙、精神源头或大脑的某些内在部分汲取灵感。他们在某些方面似乎与我们普通人不太一样。

直觉并不神奇

实际上，直觉并不神奇。相反，它是人的记忆和认知系统正常工作模式的延伸，是一种受生活经历强烈影响的心理技能。直觉就是：大脑收集尽可能多的信息，用之前经历的"大数据"检查这些信息，然后做出预测。当你开车疾驶而过时，即使光线不好，如果你瞥见一位密友进入路边的商店，你也会马上认出她。你的大脑没有足够的信息来做出理性和详细的识别，但她的脸型、走路的姿势和飘逸的头发足可以让你快速做出判断。

这种仅基于少量经验推断出重要信息的能力被称为"薄片撷取"。通过研究第一印象的深远影响，有人对"薄片撷取"理论进行了深入研究。有一项研究很有名，该研究要求学生在第一年开始上课前通过观看10秒钟的视频剪辑评估给他们上课的教授，然后跟着教授上课，互相交流，两年后再次评估这些教授。这两个评价结果几乎相同。这表明，最初的本能印象仍然存在，并且在很长一段时间内都不会改变。第一印象确实很重要，尽管它们并不一定永远正确。

直觉源自经验

值得注意的是，直觉是一种难以捉摸的智力形式，它是我们通过个人经验而不是通过刻意学习获得的。下次你坐在电脑前，不用低头看手，试着输入一句话"杰克离家很远"，我猜你会觉得这很容易。但如果我让你不去看就说出键盘的中间行的十个字母，你可能会觉得难。必须回忆字母的位置依赖于刻意获得的外显记忆，打字则依赖于人的直觉记忆，直觉记忆一般是无意义记住的。

我们的大部分日常能力都是基于我们在没有任何明确指导的情况下学会的相似技能和信息。想想我们是如何掌握了社会习俗，还有小时候是怎么学说话的。即使受过很少的正规教育，以一种语言为母语的人也会通过直觉掌握语法，但往往无法详细解释其语法规则。这就是基于所谓的隐性知识——我们知道自己会干什么，例如打结、骑自行车或接球，却不容易用语言表达出来。这些知识通常是通过实际行动和日常经验而不是从书本或课上学会的。而且我们只有在用时才知道我们拥有这些知识，无论是复杂的舞蹈动作还是开车时看到前面突然出现一只狗的快速反应。美国前国防部长唐纳德·拉姆斯菲尔德曾提出一个有名的说法"已知的未知"——有的事物我们知道我们不知道，但也有事物我们知道却不知道是怎么知道的。

直觉告诉我们什么最重要

换句话说，直觉让我们本能地明白什么重要，什么信息可以放心忽略。还记得你开始学骑自行车时做动作很紧张，后来慢慢连复杂的动作都变得熟练自如了吗？随着我们熟练掌握了新技能，我们逐渐对每一个细节的关注越来越少。事实上，熟练掌握专业知识也是同样的道理：学习关注最重要的事情，让大脑无意识处理其他内容。

直觉引导感知

首先，直觉的力量事关生死存亡；即使我们不知道，直觉也可以引导我们选择与事件最相关的方面。也许是受到我多年前在蒙托克与珍妮男朋友打交道的启发，我做了一项关于危险信号对注意力的深远影响的研究。该研究表明了我们的注意力如何迅速确定危险线索，例如在一群无表情的脸当中，一张愤怒的脸就是危险线索。这个研究结果在意料之中。在研究中，志愿者观看了一连串在计算机屏幕上不同位置闪现的图像。其中一些图像呈现了愤怒或恐惧的面部表情，另一些则是令人更愉快、满面喜悦的笑脸。每当我们测试志愿者的眼睛和注意力会落在哪里，都会发现愤怒的表情比其他表情更能吸引他们的注意力。令人惊讶的是，我在那张愤怒的面部图像上呈现另一个混乱的图像，以此来阻止志愿者对那张图像的有意识感知，但尽管那些志愿者们不知道被遮盖的是什么，仅仅 17 毫秒后，依然是被遮盖的危险信号更能吸引他们的注意力。就算能看到，愤怒的脸仍然比快乐的脸更能吸引他们的注意力。进一步的研究表明，皮肤电反应在提醒志愿者们注意危险，在前面的研究中使用不同的纸牌也是同样的道理。

这是直觉——通常被称为"内心的感觉"——起作用的一个例子。微妙的身体暗示促使志愿者更加关注这些图像。我们的直觉很重要，它确保我们关注与环境最相关的方面。然而，重要的是要记住，直觉并不会一直正确。直觉最重要的功能不是给出正确答案。直觉不会给出明确的正确或错误的答案，你需要或必须理性判断答案。给出正确答案根本不是直觉的功能。根据直觉，你可能不会永远正确，因为直觉不是只有黑白两色的简单艺术。不过，直觉提供了额外的证据来指导你的判断。

阿尔伯特·爱因斯坦的话曾被广泛引用："直觉是上天的恩赐，理性则是忠实的仆人。然而我们营造的社会，却把荣耀归给仆人，遗忘了上天的恩赐。"内心的感觉或直觉会引导我们进行更理性的分析，并帮助我们适应快速变化的环境。毫无疑问，我们需要直觉感知和理性分析来做出最佳决策。在下一章，我们会探讨一些技巧和练习，帮你跟紧直觉。其中一部分是学会平息你脑海和周围环境中的喋喋不休，要多注意身体信号。但首先，让我们仔细看看这一切是怎么相互影响的。

直觉真的是基于"内心的感觉"

为了更深入地了解直觉，科学家们开始研究肠道及其运作方式。事实证明,"内心的感觉"这个词非常到位。这些直观的信号确实来自胃和肠道的一层神经元,通常被称为"第二大脑"。这些基于胃肠道的神经元被称为肠神经系统,与大脑密切相关,并帮助我们将环境心理信号(例如危险提示)转化为模糊的危险感觉,这样我们就可以照此行事。我们对肠脑相互作用知之甚少,但毫无疑问,大脑和肠道之间的联合思考有助于我们驾驭快节奏的世界。

情境的重要性

需要记住,来自我们直觉的信息不是独立的信息。我们的直觉告知我们信息,而不是命令我们。无论你处于科学领域还是商业领域的最前沿,都必须摸着石头过河。你必须无所畏惧地踏入未知领域,而这正是直觉发挥作用的时候。直觉与情境的关系犹如冲浪板和波浪之间的关系。

观大局可以让我们认识到情境的氛围,无论情境多么微妙,我们也可以本能地理解什么最重要,应该做什么。"语境"源自拉丁语 contextere,最初的意思是将文本中的含义"编织在一起"或"交织在一起"。如今,这个词的意义更广泛,用来指代所有那些在不同环境下影响人的感受和行为的情况。它可能是你的文化,可能是对过去类似情况的短暂记忆,也可能是某个特定的人的存在。周围的环境在决定我们扮演什么角色和我们自身有怎样的感受方面发挥着重要作用，这被称为"绩效情境"（performance context）。例如，可能你对某些事情的想法和感受在单位时与在家时会截然不同。

因为我的一个学生在做的一个项目是调查公司员工的经历并想进行一些简短的采访，所以我有机会对此进行测试。我们意识到，在结束漫长而忙碌的一天后，在下班时采访他们，与早上茶歇时间在办公室采访他们，可能会得到完全不同的答案。接下来我们想知道，如果这些问题是在员工的家中而不是在工作场所提出的，我们是否会得到相同的答案。正如预期的那样，不同的情境会有不一样的答案。

情境是决定成就和成功的重要因素。当然，在更广泛的意义上，情境就是文化，人们将他们的文化、传统和经济现实带到每个情境中——就像我第一次搬到新西兰时一样。所有不同的外在情境都对我们的反应方式产生了深远影响。在肯尼亚农村进行的一系列研究中，研究人员希望发现"智力"这个概念是否在全世界范围内内涵一致。研究人员要求成年人评估他们村里孩子的"智力"，他们评价最高的孩子是那些学会了如何应用各种草药的孩子。这很有道理，因为寄生虫感染在这些农村很常见，数百种可用的草药中只有少数能有效帮助缓解由此产生的肚子痛，学会如何找到最好的草药进行自我治疗的孩子具有适应性优势。有趣的是，这些适应性强的孩子往往在传统的西方学校考试中表现不佳。研究人员得出的结论是，在这些村庄里，大多数孩子高中都没有毕业，是因为他们认为学习成绩的价值非常低。事实上，当地人觉得那些继续上学并在学校表现出色的孩子们是在浪费时间，因为这些技能无助于他们找到工作并获得经济保障。"成就"只有结合文化背景才有意义。一个在学校表现不佳的肯尼亚孩子可能比一个对草药知之甚少的美国或欧洲孩子还要聪明。

在当前情境下，我们在最有价值的事情上表现出色的能力是我们能够适应和蓬勃发展的最佳预测指标。许多非洲和亚洲社会非常重视诸如尊重和关心他人、勤奋、善解人意和合作精神，而不像西方人那样重视成功。对西非的巴乌雷地区的人来说，尊重长辈和服务社区被视为智慧的根本。在那里，促进稳定、愉快的群体关系的能力比解决问题的能力重要得多，而在许多西方国家中，解决问题的能力更重要。

这并不是说解决问题不重要。英国电视节目《学徒》的主持人艾伦·休格曾评论说，他正在寻找一个"精明至极"的学徒——一个有街头智慧而不是书本智慧的人。这两种智慧并不总是齐头并进。这是因为"学术"问题通常并不代表我们日常生活中面临的问题类型。日常问题对我们来说更有意义，一般也会有许多不同的解决方案，每种解决方案也各有优缺点。

直觉基于我们丰富的经验

直觉随着我们接触到的情境的多样性而不同，这就是为什么在一个专业领域非常有悟性的人，并不一定会在其他领域玩得转。这也表明，如果我们下定决心，我们都可以提高直觉能力。

特定领域的专家，无论是护理、计算机编程还是领导力领域，都会从特定领域的多年经验中培养出超强直觉。而重要的是这种体验的多样性。以护理为例，护理员不会只做同一件事，一位经验丰富的护理员会在许多不同的环境中工作，会目睹有人死亡，有人活下来，观察人们对好消息和坏消息的反应，并从事许多不同附属领域的工作。在很多情况下，护理员可能不得不"跳出框框思考"，在紧急情况下利用手头可用的资源解决问题。这种在护理领域出现的多样性可以让我们对其他特定领域内可能出现的大多数情况有深刻而直观的理解。

在赛马比赛中，有一种工作是决定每匹赛马在比赛中需要携带多少配重，从中我们也能看到这一点。这就是"机会均等化比赛法"（handicapping）——马被分配不同的负载以试图平衡它们获胜的机会。表现最好的马负载较重，那些可能表现不佳的马则负载较轻。对每匹马配重的计算是一个复杂的数学过程，它考虑了决定赛马成绩的大量因素。有许多影响因素：以前的比赛成绩、不同的天气条件、马匹超越其他马匹的轻松度、过去超过别的马匹的历史，等等。专家级别的预测者使用一种复杂的算法来预测每匹马的可能速度并计算出每匹马获胜的概率。

你可能认为一个人使用这些复杂算法的能力也能被运用到其

他技能领域，但实际上，研究人员发现这种能力与智商无关。真相是，最成功的预测者是一名智商85的建筑工人。研究人员随后请专家级别的预测者尝试使用非常相似的算法进行股市预测。尽管计算过程非常相似，但他们对情境的不熟悉导致他们的预测成绩并不比随机的预测好。这些专家靠算法预测出来的成绩还不如靠猜呢！

情境可以解释人为什么以某种方式表现，而去掉情境因素，行为就会发生变化。我们的直觉是知识积累的结果，这些知识虽然是隐性的，但当我们需要在压力下迅速做出决定时它却显得尤为重要。当没有足够的时间来吸收所有必要的信息时，我们的直觉智力就会挺身而出为我们提供援助。当然，如前所述，结果并不都对，因为这不是直觉智力的本职工作。但它指导我们使用自己过去的经验作为依据，这种经验越多样化，我们的直觉就越有帮助，越富有建设性。直觉敏锐的人培养了从经验中学习的实践能力，他们甚至可以捕捉到最细微的线索，并能够将这些转化为他们的优势。

直觉的价值在商学院的课程中经常被轻视，尽管有证据表明高级管理人员经常依赖直觉和批判性分析来做出重要决策并取得商业成就。商界的"气候"往往波谲云诡、不可预测，这会使得传统的基于逻辑的决策失效。这时就需要直觉和本能将商界人士引向他们可能无法理性考虑的重要信息。尤其在指导企业度过动荡时期时，直觉可以给商界人士一些竞争优势。例如，创立化妆品公司的女商人和企业家雅诗兰黛就以她"预测"市场上哪种香水会畅销的不可思议的能力而闻名。她的一些员工推测是因为她有某种超自然的感觉，但这更可能是因为她的直觉能够理解人和人心里最深切的欲望。

像大多数形式的智力一样，直觉不是静态的，而是随着经验的发展而发展的。据她的同事说，雅诗兰黛会花几个小时与客户交谈，了解他们喜欢什么。正是这种对客户详细的了解让她形成了一种直觉——知道什么样的产品外观和手感最吸引人。同样，通过经验，医生可以在与患者交谈的几分钟内对复杂的症状快速做出诊断，在自己的领域工作多年的士兵也可以通过直觉感受到危险，虽然他们都无法解释原因。而在日常生活中，同样由于长期的经验，我们可以在打电话的最初几秒钟内感觉到我们的伴侣生气了，或者迅速察觉到我们的孩子瞒着家长做了坏事。

认知科学家赫伯特·西蒙很好地解释了这一点，他说："情境提供了一个线索，这个线索给了专家访问自己记忆中信息的机会，而信息提供了答案。直觉无非就是信息识别。"当人们在新情境下识别出熟悉的事物并采取行动时，直觉就会发展。这只能来自经验。洞察力也在以同样的方式运行；即使我们认为不可能，最少的信息也能帮助我们识别和预测熟悉的元素。

鉴于应对力需要尽可能准确地了解情况，因此承认直觉的力量很重要。如果我们忽视"直觉"告诉我们的信息，我们很可能会在不同的情境中做出糟糕的决定。

本章小结

- 直觉为我们提供了情境的要点提示，为决策提供了有效的指南。
- 情境为我们的直觉提供了产生"内心感觉"的大部分数据。
- 直觉不能靠学习获得，但它可以通过接触多样化的经验而获得提升。
- 直觉不会一贯正确。直觉是一些额外的信息，可以用来指导我们做出更理性的决策。
- 直觉与应对力相关，因为直觉让我们接触到我们有意识的大脑无法获得的有关情境的知识。这种类型的知识通常在复杂且快速变化的情境下最为关键——这正是最需要应对力的地方。

第 13 章
纵观全局——情境激发直觉

时年40岁的阿根廷车手胡安·曼努埃尔·方吉奥是一级方程式赛车界最优秀的车手之一。在1950年的摩纳哥大奖赛上,方吉奥驶入了一条隧道,而这条隧道外有个"声名在外"的急转弯。此时,比赛到了第二圈,他远远领先于其他车手。方吉奥驶出隧道时一般会加速,但这一次,他莫名其妙地在驶出隧道时将脚从油门踏板上挪开,车子急剧减速。幸好他这么做了,因为就在那个急转弯处发生了一场可怕的事故,九辆汽车连环相撞,横在赛道上。如果方吉奥没有减速,他会直接撞向它们。还好,他开着车穿过那些汽车残骸,继续向前,赢得了比赛。

比赛结束后,方吉奥最初也无法解释他为何会有那种直觉,突然想要减速。最终他的团队发现了方吉奥注意到的线索:由于处在领先位置,当他驶出隧道时,他一般会看到一大群兴奋的面孔从站台上张望着看他。但那天,他看到的是一片模糊的阴影,那是观众的后脑勺,因为他们都转身看向车祸现场。方吉奥的大脑发现了这些微妙的变化，他感觉有些不对劲，这才放慢了速度。基于他丰富的比赛经验，方吉奥能够识别出他所处的环境中不同寻常的线索（观众没有看向他这边），从而使他在微秒内凭直觉做出了反应。

　　直觉的一个重要组成部分是观察外部环境并更好地了解我们周围发生的事情的能力。正如我们在前一章中看到的，来自我们环境的线索触发了过去的知识，为此时此刻提供了信息，从而我们的意识能捕获一种整体的感觉，即感觉出有些事情不太对劲。观众看向了另一边，方吉奥的大脑则捕捉到了这一不寻常的线索，从而触发了应该减速的模糊感觉。我们大脑的内部信息中储存着大量过去积累的经验，而这些微妙的感觉就来源于此。虽然这些信息并非一贯正确，但在根本无法进行全面理性分析的关键时刻，它确实能指导我们。如前所述，这就是直觉，它由对环境的高度敏感所驱动。这在心理学中被称为情境感受性，是一个不应该被忽视的研究领域。情境感受性指的是在特定情境下明确自己应该做什么的能力。正如我们在方吉奥身上看到的那样，专家们会对自身所处的环境保持警惕，但对于应对力来说，尽可能对大环境（尤其是社会环境）保持敏感也颇有益处，因为这为我们提供了提升应对力技能的重要条件。在本章中，我们会探讨如何提高我们对周围环境的敏感性，如何提升我们的直觉能力。

情境感受性的应用

最近我拜访了一位灵媒,亲身体验了情境感受性的作用。当然,我是为了科学研究才去的。我迈上几层楼梯,来到了坐落于伦敦北部的一间办公室内,房间明亮又通风,这一点出乎我的意料。当时的我还有些紧张。我和安娜坐在靠近窗户的一张擦得锃亮的小桌子旁,但没看到占卜用的水晶球。"我能帮上什么忙吗?"她问。我还没来得及回答,她就眯眼看着我说:"我看得出你因为一个重大决定而纠结。"她预测我很快就会做出正确的选择,并找到一条无限光明的前进道路。当然,这个说法有点模糊,但我最近确实在学界之外获得了一个激动人心的机会,也在认真考虑是否要彻底改变职业方向。

我被打动了,在安娜的陪伴下开始放松下来。她开始给我发塔罗牌,它们都证实了安娜最初的预测。她最先翻开的是死亡牌,这吓了我一跳,但安娜让我放心,说这意味着我生命中的一个重要阶段即将结束,新的阶段即将开始。她无法确定具体时间,但不会太久。她告诉我,我对这个变化感到压力很大,但这张牌告诉我,我要冒险,要马上行动。她翻开了其他几张牌,但都是看过一眼就迅速扣上了,最后她翻开了"命运之轮"这张牌。"啊!"她说,"这太有意思了。"她解释说,这张牌告诉我,明年将会发生重大变化,我应该做好适应的准备。

我离开时，感到莫名的放松，感觉她已经"看到"了我生活中正在发生的事情，并给我描绘了一幅积极的愿景：一切都会非常顺利。无论我对灵媒有什么先入为主的看法，安娜确实准确捕捉到了一直缠绕着我的担忧。我意识到她可能非常擅长从我身上捕捉到能让我产生共鸣的微妙信号。她被业内称为优秀"读心者"，这意味着当所说的话对某人很重要时，即使他们试图掩饰，她也会捕捉到微妙的线索。她非常"善于感受情境"。诸如"我看得出来你正在为做一个重大决定而纠结"之类的话非常有效，因为它们让人觉得非常切合自身，但实际上非常笼统，可以与任何人相关。当你听到一些与自己相关的内容时，很难不做出反应，而擅长读心术的人会注意到这种反应，会针对这个主题有所发挥。即便身为一名心理学教授，我尽了最大努力不流露任何表情，却还是未能掩盖我对安娜那些笼统说法产生的个人反应。我几乎可以确定是我"泄露"了线索，让她知道我对她的话产生了共鸣。

如何提升情境感受性？

那么，怎样才能提升情境感受性——也就是直觉呢？更重要的是，我们为什么要这样做？答案很明确。"多多体验"能提升情境感受性。从而提高我们的应对力，帮助我们做出更明智的决定，提升我们的心理弹性和整体幸福感。总之，有很多不错的理由。应对力要求我们适应环境，而"情境感受性"是其中至关重要的一环。

经验决定一切

安娜告诉我，她干灵媒这一行已经30多年了。她十几岁时就在黑潭（Blackpool）市做灵媒。后来开始在节庆日期间干，接着又搬到了伦敦。鉴于她在读心术方面的出色表现，我对这些一点也不感到意外。我们并不是通过智力分析，而是通过亲身实践获得直觉知识。阅读有关收音机工作原理的手册会学到很多，但要充分了解其内部机制，没有什么可以替代将收音机拆开并亲自动手重装起来。这种亲身体验意义重大。

帮助大脑建立直觉知识库的途径是动手实践而不是思考。多多亲身体验——这样做，想法和感受就会随之而来——会有助于树立对环境的感受性，也会为直觉提供支撑。经验不会轻易消失。一旦看在眼里，就会记在心里；一旦理解了，就不会轻易产生误解。

C. S. 刘易斯的一句名言道出了"多多体验"的重要性："经验是最残酷的老师，但是你会吸取教训。我的上帝，你会的。"我们都需要建立一个有用的经验库，必要时可以随时取用。要做到这一点，必须让自己毫无保留地沉浸在日常生活中。你可以去休养，可以去图书馆学习，或与朋友尽情辩论，但只有让自己接触全新而不同的体验，面对与你意见相左的人，把自己推出舒适区，才能真正学有所获。正如C. S. 刘易斯提醒我们的："为讨厌鬼祈祷比去拜访他要容易得多。"

各种各样的体验有助于培养应对力，因为经验改变了大脑内部的学习算法，令其对情境有更准确的解读。优秀儿童故事不仅只有表层意义，还有丰富的内涵，生活也一样。一个人的生活体验越丰富，就越有可能了解人类的奇迹和人类本身的复杂性，以及人类自身陷入的复杂情况。好消息是，丰富的生活体验会让我们有更多的认知、情感和行为过程，帮助我们适应几乎任何可能遇到的情况。因此很显然，经验是应对力的关键组成部分。

正如生物多样性越丰富，生态系统就越容易复原，心理多样性可以给人的身心带来诸多益处。心理多样性不仅可以让我们拥有更丰富的直觉库——这是应对力的重要基石——它还会提供丰富多样的应对策略和选择方案。

努力培养"情境意识"

为了提升应对力并真正利用好经验，我们必须努力培养情境意识，这是情境感受性的基础所在。例如，许多参加过伊拉克战争的士兵会告诉你，生存技能的很大一部分是能够了解什么是"正常情况"，这样才能够注意到反常情况：空气中高度紧张的气氛，在某一刻格外空旷的街道，等等。2004年，多诺万·坎贝尔中尉带领一个排的美国海军陆战队队员穿过伊拉克城市拉马迪，执行一项常规路面清理任务：寻找并清除炸弹。他们看到路中间有个简易爆炸装置——意识到这明显是个诱饵。他们正要继续前进,这时其中一名队员注意到大约100米外有个混凝土块,他觉得这个不太正常,因为土块看起来"太对称、太完美"了。结果,他们发现这块混凝土里有枚巨型炸弹。多诺万说:"除非你知道伊拉克那部分地区的瓦砾是什么样子,否则你不可能注意到那个混凝土块。"正是因为这名海军陆战队队员了解平日的街景,才能注意到这一异常情况。同样,2013年波士顿马拉松爆炸案发生后,警方之所以能够从闭路电视录像中迅速识别出炸弹袭击者的身份,就是因为当时其他人都惊慌失措,他们却很平静地走开,他们奇怪的行为让他们很显眼。

在任何情况下,若能对"正常情况"有充分的了解,你就可以快速辨别出异常情况。大脑非常擅长发现异常,所以反其道而行之,我们应该有意识地寻找一致性而不是变化(或危险),剩下的就交给大脑。问问自己,在某个场合,什么情况算正常?比方说,在咖啡馆里,一般情况下大家都轻松安逸,与朋友聊聊天,喝咖啡。但如果有人神态紧张,四处张望,或彼此闭口不言,这就表明可能有什么地方不对劲。你可以在不同的场合,尤其是在熟悉的场合,花一点儿时间注意下那些典型的行为,然后看看你能否记住。

有时有必要缩小注意力范围

正如上文所说,退一步能够放宽视野,纵览全局,虽然这一点很重要，但有时刻意缩小注意力范围也能有所收获。几年前，我和丈夫两人在阿森纳足球俱乐部做咨询辅导，帮助其寻找提升球员认知能力和改善球员表现的方法。我们与球员和教练团队沟通，又观看了球员的比赛。足球是一项节奏快、瞬息万变的运动，在比赛的大多数时间里都有球员在跑动。

在紧张的训练过程中，足球主教练面临的挑战是在诸事缠身之时，如何把精力分配到比赛的方方面面。答案当然是无法做到。试图关注所有的事情，这是个很容易踏入的陷阱。而做好事情的诀窍就是将注意力集中在比赛的某一个方面，也许只是两名特定的球员，在比赛的某段时间内观察一个人的传球情况，以及另一个人如何预测这些传球意图。

诀窍是尽量不要追踪情境的诸多方面，因为这会削弱你观察细节的能力，因而破坏应对力。我的研究表明，在任何时刻，我们最多可以留意大约四个组块。这意味着如果你试图领会所有东西，尤其是在新情况下，大脑很快就会超负荷运转。虽然这是在关注对象较为简单的实验研究中发现的，但我们可以合理假设，我们的待办事项清单上不应该超过四个组块，因为太多就会超出我们的心智承受能力。

关注眼睛会有所帮助

有时，正如我在安娜那里的经历所表明的那样，直觉可能会无意识地出现，它来自微妙的肢体语言，这是大脑无意中捕获到的。你不是灵媒也能办得到！你是否曾有过这样的感觉：明明感觉有人在对你撒谎，你却说不出原因来？答案很可能在于你看到了对方因为个人感受而发生的瞳孔变化。虽然眼睛可能不是心灵的窗户，但它们很能揭示一个人的内心。越来越多的证据告诉我们，瞳孔大小是衡量个人感受的重要指标。其根本原因是它是大脑运转的可靠标志。当人认真思考时，瞳孔会放大。你可以站在镜子前测试一下，试着去算一个难点儿的乘法（例如63乘以14）来测试这一点，同时仔细观察瞳孔。

掩饰欺骗行为也需要脑力活动，这就是放大的瞳孔可以揭露真相的原因。在一项研究中，一些志愿者按照要求在秘书离开房间时从她的钱包里偷20美元，而其他志愿者什么都没偷。接下来，所有志愿都按照要求否认有盗窃行为。研究人员通过分析瞳孔放大情况能够准确辨别"窃贼"。那些谎称没偷钱的人的瞳孔比诚实人的瞳孔大一毫米左右。

辨别他人瞳孔的变化并不容易做到，但像安娜那样的"读心者"非常善于注意到放大瞳孔的变化。所以要去注意人的眼睛，尤其是当他们感到吃惊或兴奋的时候，看看你是否能注意到他们的瞳孔有哪些变化。这些变化可以很好地指导我们直观地了解某人的真实感受。

走出安全区

这会不会说起来容易做起来难？事实并非如此。除了在社交媒体上，我们大多数人各自的圈子里也都是些志同道合的人。来，看看那些与你互动最多的人：他们主要是你的同事吗？他们主要来自你的家族吗？他们的背景和收入水平与你相当吗？他们有与你相似的观点吗？要尽可能有这方面的意识——想方设法去结识来自各行各业、形形色色的人，并真心倾听他们的心声。你可以在社交媒体上参与不同的讨论，看看那些与你有不同政见和兴趣的人他们在想什么，阅读不同的报纸或观看不同的电视频道，或到其他社区的慈善机构做志愿服务，参加平时不常参加的活动。任何让你接触到你不熟悉的文化和人的事物都会帮助你开放心态，提升应对力。

我 2018 年在美国旅行时做了这样的尝试。唐纳德·特朗普发表了一系列在我看来是公开的种族主义言论后，我很难理解为什么这么多美国人支持他。我知道，这不符合美国的做法，或者说不符合美国人的做法，所以我特意收看了一些我知道是保守派并支持特朗普观点的新闻频道。看到不同的媒体传达同一条新闻的方式令我大开眼界。我之前经常观看一位特约评论员的节目，对他很是着迷，当我听到他公然为白人至上主义者辩护并诋毁移民时，我感到很吃惊，因为这与我的观点截然不同。待我从这种震惊中恢复过来，我尝试认真倾听，我注意到在访谈嘉宾时他有时也会提出合理的观点，我甚至发现自己赞成他所说的一些观点。很多人害怕移民大量涌入一些地区，特别是那些失业率高的贫困地区，我现在逐渐能理解他们的担忧所在了。英国脱欧辩论中也出现了类似情况。虽然我对于这一话题持有不同看法，但我可以看到另一方的观点也反映了他们真实的担忧。即使是像这样短暂的练习，也可以让你对不同的观点持更加开放的态度，让你的大脑做预测时比以前少一些偏差。

在合适的环境中使用正确的方法是应对力的关键

提高我们的情景感受性很重要的原因是它可以帮助我们在特定场合选择正确的策略。我们才刚刚开始了解选择不同策略来管理情绪的重要性。正如我们在第4章中谈到心理弹性时所看到的，在不同应对方法之间进行灵活选择至关重要。同样，在运用那些帮助我们分析周围世界的心理过程时，我们也需要这种灵活性。当你看到远处有威胁，比如捕食者离你很远时，适当的行为可能是保持高度警惕并密切关注对方在做什么，但当捕食者离你很近时，同样的行为不太可能有好结果。这个例子告诉我们，每个想法、每种感觉只在恰当的场合才有用。正如我们从对应对力的了解中得知的那样，没有放之四海而皆准的方法。

对所处环境做出适当的反应不仅关乎生存问题，也是心理健康的标志。心理健康的人往往会根据情况选择恰当的方法。例如，研究表明，心理健康的儿童在遇到威胁时会表现出强烈的恐惧，但在低威胁环境中没有这种反应——想必这都在你的预料之中。换句话说，他们的恐惧反应是根据具体情况变化的。与此形成鲜明对比的是，即使在低威胁环境中也表现出强烈恐惧反应的儿童——他们没有表现出情境感受性——更有可能在以后的成长过程中出现焦虑和其他心理问题。

我们在患有重度抑郁症的成年人身上看到了类似的对情境的不适当反应。没有抑郁症的人对快乐的电影通常会表现出强烈的情绪反应，但看悲伤的电影则不会有特别大的情绪波动。换句话说，乐观的场景会提升他们的情绪，而观看悲伤的场景并不会让他们变得过度沮丧。相比之下，那些患有抑郁症的人对这两种类型的电影都表现出闷闷不乐的反应。他们在看悲伤的场景时不会太过沮丧，但同样不会从快乐的场景中得到太多快乐。基于这类证据，有人认为缺乏情境感受性是导致抑郁持续的关键。该观点认为，这种"防御性脱离接触"是抑郁症患者无意识采取的一种策略，但是这种策略对提高情境感受性没什么作用。

为什么人生经历会提高我们的情境感受性？

丰富的人生经历会直接影响人的大脑运转方式。请记住，人的大脑本质上是一个依赖大数据的预测机器。想一想这些数据源自何处。它们源自你出生以来的所见所闻所历，并且会伴随你一生。这意味着，你的文化背景和个人经历对你的大脑如何解释和应对发生在你身上的事情有着深远影响。冠状病毒大流行期间，许多国家实施严格的封锁隔离措施，这无意中导致了比平时更受限制、更为狭窄的人生体验。这就是为什么在再次被允许外出时，许多人会觉得难以应对社交场合。虽然只是一种推测，但这很可能是许多人在大范围的社会隔离后经历"脑雾"的原因。

经验受到限制也会使我们更易被认知偏差影响。这可以在三个月大的婴儿身上看到，他们已经对其短暂生命中接触最多的种族（肤色）人的面孔表现出强烈偏好。在一项有趣的研究中，心理学家将生活在以色列或埃塞俄比亚的三组三个月大的婴儿聚集在一起，向他们并排展示了一组非洲（埃塞俄比亚）人和一组白种人的面孔，然后仔细监测婴儿看哪些面孔看得更多。这是心理学中一种经过检验的方法，如果婴儿看某一类面孔多于另一类，我们可以有把握地假设其有偏好。结果表明，埃塞俄比亚婴儿看埃塞俄比亚人脸的时间更长，而白种人婴儿看白种人面孔的时间更长。他们对熟悉的东西最感兴趣。

更耐人寻味的是，居住在以色列新移民收容中心的埃塞俄比亚黑人婴儿并没有表现出对本种族面孔的偏好。相反，他们会花相同的时间观察白人和黑人的面孔。研究人员确信，这是因为这些婴儿经常接触各种各样的面孔。

大量研究表明，我们更关注与自己相同种族的人的面孔，这与我们在生命早期接触这些面孔的程度有直接关系。由女性看护抚养的婴儿更喜欢看女性面孔，而由男性看护抚养的婴儿看男性面孔的时间更长。有项研究非常有意思。该研究表明，这种基于种族的偏好并不会在出生后的头几天就出现，而是在出生后的第三个月出现。虽然三个月大的白种人婴儿更喜欢看本种族人的面孔，但当对出生刚几天的婴儿进行相同的实验时，却没有发现这种偏好。新生儿对所有种族的面孔持同样的兴趣。

经验为大脑提供大数据

我们积累的知识在大脑内部建立了一个大数据库，这导致了强烈的偏好，使得我们容易接受最熟悉的事物。这个过程的另一面是，对于那些接触少的群体我们会产生"不喜欢"或少偏好。对群体内和群外人的偏见是最常见的认知偏差，而这些偏差源自学习和接触，而不是一种生物学层面上的、与生俱来的"对陌生人的恐惧"。

由于所谓的"分类本能"，我们将人分为"我们"和"他们"。这种"我们-他们"的区别通常基于种族特征，但也可能基于国籍、所住地区，以及是否支持同一个运动队或者是否为家族成员。这种将"我们"与"他们"进行分类是不可避免的本能，进而发展出对不同群体存在不同水平的隐性认知。社会心理学期刊有大量证据表明，我们对自己群体中的人的理解比对"外群体"的理解要深刻得多。这种"外群体同质性"意味着我们认为外群体的成员彼此之间的相似性比实际要高得多。但是对于我们群体内的成员来说,我们更注重每个人的个性。这意味着我们需要更努力去了解来自不同群体的人。

在生活的不同方面保持界限很重要。然而,在涉及社会边界时,存在一个明显的悖论。一方面,消除人与人之间的障碍可以增强社交,提高个人生活质量;但另一方面,在我们自己生活和经历的不同方面保持清晰的界限有助于提高我们的心理多样性,可以让我们接触到不同的行事风格。众所周知,能够以多种方式思考和行事对于提升应对力至关重要,能让我们变得更灵活,如果我们生活的不同元素之间有过多重叠和相似之处,这会诱使我们走向思维僵化。

这一点已在一系列研究中得以证实。研究告诉我们,一个人在生活中扮演的独立角色越多,就越可能健康成长,避免抑郁。角色之间的界限划分尤为重要。以一个身为全科医生、已婚并已为人母的女性为例,她在生活中要扮演三个主要角色:医生、伴侣、母亲。她要从每一个角色中习得一系列技能与策略,与只扮演一个角色的人相比,这种多样性使她在遇到挫折时有更好的应对能力。但是,倘若我们假设她的丈夫也是一名医生,并在同一家医疗机构工作,她在生活中的两个角色之间的联系程度增加了,就减少了不同角色间的差异。

第13章 纵观全局——情境激发直觉

在扮演某个人生角色时，我们的大脑会产生认知偏差，也可能碰到偶然事件，这些不一定会对我们的另一个角色带来影响。以女医生为例，她在不同的人生角色中受到认知偏差和偶然事件的影响并不一样。假设她和她的丈夫都认为茶歇时间应该安安静静沉思以获得放松，而另一个同事更喜欢聊天、听音乐，那么在家里，他们夫妇可以轻松安静地休息，而在工作单位他们会接触到不同的恢复活力的方式。但是如果他们在同一单位上班，他们可能会避开健谈的同事，一起安静地休息。这样一来，他们在家和在工作单位的休息方式并不像他们不在一起上班时有明显的区别。像这种事情看起来微不足道，但随着时间的推移，经过数周和数月，它们会积累并添加到大脑的数据库中。我们实际上一直在训练大脑以同样的方式去行事思考，所以习惯就会越来越深地被植入大脑中。通过用不同的方式做事，我们的思考方式会更加多样，我们就不会对周围环境过于警觉，不会稍有风吹草动就高度紧张也可以阻止偏差进一步加深，因为陷入认知偏差最终会让我们对周围环境的变化视而不见。

进一步的研究还表明，保持我们生活角色之间的界限可以缓冲压力，起到保护我们的作用，因为在一个方面产生的烦闷情绪不太可能蔓延到其他方面。如果这名女医生早上与丈夫发生争执，他们在同一单位可能会比他们在不同单位上班更影响她的工作和生活。这名女医生担当的角色和获得的经验越多越好。所以，如果她还是小有成就的业余演员，每周会在当地的剧团排练，周末还参与运动队的活动，那么她的心理多样性会更丰富，与丈夫吵架对她造成的影响会更小。

这一原则对我们之前在第 4 章中提到的关于心理弹性的观察研究具有重要意义。正如我们在第 4 章的研究中所述，报告幸福感最高的青少年在注意力、记忆力和对事情的解读方面存在偏差，但这些偏差彼此之间相对脱节。虽然他们的许多偏差是负面的，但真正重要的是这些偏差之间没有关联，一个负面偏差不会激发其他负面偏差。我们可以从中学到的是，如果负面偏差彼此保持相对独立，我们的直觉智力会更高、更客观，可以为更灵活的思维过程提供基础。所以，尽管我的理论仍是一种推测，但还是确保你拥有多样化且相对独立的人生角色和活动吧！这可能会帮助你保持各认知偏差的独立，进一步提升你的直觉能力，当然，还有应对力。

怎样提高直觉？

作为应对力的基石，直觉的重要性不仅在于帮助我们看清内心的想法，发展自我意识（应对力的另一重要基石），还能帮助我们察觉周围环境的细微变化。有很多方式可以提升我们的情境感受性。要变得更有情境意识可分两步走。

- 首先，退后一步来思考——正如我们在前面所述的去中心化

那样——纵观全局，这样可以对整体情境有个大致的了解
- 然后，选好你想要专注于所处情境的哪个方面，待事无巨细地了解过后，再将注意力转到下一个情境

为了帮助我们适应环境，奥地利博学家鲁道夫·施泰纳建议我们做一个简单的练习：某天上午将一枚硬币放在办公桌的左上角，接下来的每天上午将这枚硬币移动到桌子的其他角落。这项练习虽然看起来很简单，但会逐渐引导人们培养对周围环境的意识。

接下来，一旦你对正在发生的事情和孰轻孰重有了全面的了解，就可以关注更大的环境层面了，要特别关注与自己的境遇密切相关的方面。以上两步对于提高情境感受性大有裨益。

例如，如果你刚开始去新单位上班，你可以从关注同事们对老板的反应开始。他们敬畏老板吗？他们会质疑老板的决策吗？他们是否虽然按照要求去做，但在老板不在的时候背地里向其他同事抱怨？通过了解上述的林林总总，你就会对公司文化中那些重要却不易被察觉的地方有大致了解。接下来，你可以继续关注其他方面，比如大家如何与他人互动？你可以找到一位同事，与他（或她）进行深入交流，或者对他们工作之余的兴趣爱好做一番了解，了解他们平常生活中的样子。渐渐地，你会掌握提高注意力的诀窍，对不同情境的切换也会游刃有余。总体上说，你大可不必绞尽脑汁，也能对新职场、新同事有个深入的了解。

增强直觉

记住,直觉是学不来的。随着时间的推移,随着我们生活阅历的增加,直觉就会出现。我们都有直觉,这是大脑的运作方式。我们以往的经历构建了个人数据库,当身处某一情境时,大脑就会调用数据库资源,配合身体的内部信号、所处环境信号,引导我们以最佳方式思考、感受、行事。

直觉能够作为应对力的重要基石,原因就在于这些微妙的提示带来正确的与错误的结果,它们之间存在着巨大的差异。虽然直觉不是学来的,但我们可以做一些事情来帮助我们调整直觉智力。

- **静下心来,倾听**:警笛声、蜂鸣声持续不断,交谈声也喋喋不休地飘进脑海——我们置身于噪声之中。纷繁复杂的噪声淹没了我们内心的直觉。如果不去聆听,你的直觉怎能与你交流?因此,需给自己留一些独处时刻。找个时间,让身体放松、使思绪平静,在静谧之中为感知自己的直觉创造机会。我知道,在喧嚣的现代社会,要做到这点很困难。但是,每周找几个小时来放松身心,感受自然,学会倾听来自身体的声音,这对于我们至关重要,哪怕一周只有那么几次机会,每次只有一个小时……外出漫步、做做瑜伽、来次冥想都有助于我们静下心来感受直觉。

- **放下不良情绪**:负面情绪的存在是有原因的。负面情绪会提醒我们注意棘手问题，使我们的心境不再开阔，让我们格外留意生活中那些令人不悦的事情。但这违背了我们的直觉，直觉需要一种开放的心态，需要聆听万物。所以，学会减少负面情绪至关重要——至少在某些时候——让你的直觉声音有机会被听到。事实上，一些研究表明，人在心情好的时候更能依靠直觉做出判断。所以，我们可以使用第10章给出的一些技巧来改善情绪，聆听直觉的声音。

- **照顾好身体**：纵观全书，我们的身体事关应对力的多个方面。我们才刚刚认识到大脑服务于身体，因此身体内部的信号不容忽视。如果我们的身体功能不正常，大脑就会过度关注身体的基本需要，无法提醒我们注意身边环境的微妙之处。因此，确保自己吃好睡好、营养充足、规律锻炼，这些对你生活中很多方面来说都很重要，其中包括让你的直觉发声并被听到！

- **调低执行功能**：听到这个建议，你可能很惊讶。正如第7章所述，执行功能对于提高个人的灵活性至关重要，当我们分析自身所处情境以期做出理性决定时，我们的心理资源——抑制控制、工作记忆、认知灵活性——均需处于最佳状态。这一点肯定没错，但这些心理过程实际上可能阻碍直觉的发挥。这听起来很奇怪，但从逻辑上讲得通。当感到疲倦时，执行功能就无法正常发挥作用，所以人更容易分神，记不住事件不同方面之间的联系,而这正是直觉大显身手之际。虽然人在疲惫时精力无法集中,但此刻更容易接受新观点,并且可以在事物之间建立更多创造性联系。具有讽刺意味的是,在我们感到疲倦,执行功能也处在非高峰期时,我们内心的直觉声音更有可能被听到。

本章小结

- 情境感受性和情境意识来自我们在特定生活领域获得更多经验后的认知积累。这种积累至关重要,因为这会为直觉提供燃料,当然,这对于应对力也至关重要。
- 扩大我们经验的多样性可以提升情境感受性和情境意识,减少认知偏差。多样性的经验能使我们更加了解周围的环境,从而做出更合适的决定。这就是为什么说情境意识(情境感受性是其中的一部分)是应对力的重要基石。
- 我们都有直觉——我们只需学会仔细倾听来自直觉的声音即可。
- 直觉随着经验的积累而来。虽然直觉不是学来的,但我们可以做一些事情来帮助我们调整直觉智力。我们需要平息大脑中以及我们周围喋喋不休的噪声,也许可以通过留出独处时间做到这一点。

总结
应对力的一些关键原则

每年春天，我丈夫凯文都会去赫里福德郡的偏远乡村参加越野赛跑，那个地方靠近威尔士的边境。这个比赛看起来平常无奇，但它其实难度很大，还吸引了许多驻扎在附近的英国特种空勤团（SAS）士兵来参加。比赛结束后，参赛选手和亲友们都聚集到酒吧里喝酒烧烤，之后还会欣赏当地乐队的现场表演。

几年前，那时候我刚开始写《应对力》这本书。我就坐在这个乡村酒吧的花园里，等着凯文穿过"淋浴区"——其实只是地上的一根管子，正往外喷着冰冷的水。那天天气很好，阳光明媚，大家可以随便喝苹果酒。我旁边坐着的就是一位英国特种空勤团的士兵，他已经穿过了那片冰水区（换句话说，他比凯文跑得快），没有丝毫畏惧。我知道他是做什么的——我们之前已经认识过了——但他不清楚我的职业。我给他介绍了一下这本书，他似懂非懂地点了点头。

我还是用高尔夫的类比解释了一下。有时候，我们需要一根球道木来把球打过平坦球道；有时候，需要沙坑杆来把球打出障碍区；有时候，在果岭，则需要一根推杆。但如果你只是拥有全套球杆，而不知道什么时候用哪个，那它们其实没有任何用处，这样的高尔夫球手可能还不如包里只有一根球杆的球手。

他对我说："你几乎完美概括了特种兵的军旅生活。在部队里，小伙子们都有五花八门的本事，有的你在其他地方根本见不到……在监狱里倒是可能见到！你看那个人……"他指着小吃摊旁一个头发姜黄色、满身文身的大个子男人说："他什么车都能撬开。看到那边那个人了吗？"我顺着他指的方向看过去，是个小个子黑人，身材健壮，留着胡子和板寸。"他可以伪造你想要的任何文件和签名。我们在部队里并肩作战，就像一个包里的高尔夫球杆一样。"

他觉得应对力这个概念对他很有启发。他认为，第一，你需要掌握各种各样的技能；第二，你要能够调整这些技能来适应不同的情况；第三，也可能是最重要的一点，你需要有洞察力，知道什么情况下使用什么技能，这就只能从经验得出判断了。

毅力与灵活性

我没想到的是，我的职业能让我接触到很多优秀的运动员——他们有一些是有望摘得奥运奖牌的中长跑运动员。我和凯文一起工作,他在运动员面临压力时,帮助他们尽可能地调整好心理状态。当凯文在跑道上和运动员沟通时,我就经常和他们的体能教练丹闲聊,希望能学到一些提高身体素质的技巧。丹告诉我:"保持健康的关键就是持之以恒,这样你的力量和耐力就会增强。""但是,"他补充道,"锻炼灵活性也很重要。这是很多人忽略的一点。"

为运动员们制订心理训练计划的时候,我发现凯文和我几乎采用了一样的准则规范。坚持不懈自不必多说,不管你是顶尖运动员,还是个打算8周内拿下5公里跑的初学者,坚韧不拔必不可少。如果你需要在寒冷的雨夜或是一大早去执行训练计划,迈出家门需要很大的努力。坚持是实现目标的关键。所以,小到科学文章和杂志上的小贴士,大到各种畅销书,关于毅力的内容比比皆是,坚持不懈的重要性毋庸置疑。

另一方面,灵活性的重要性经常被忽略。甚至可以说灵活性才更为重要。例如,一个运动员受了轻伤,那他必须立刻调整训练方式以防伤势恶化,比如他可以在健身自行车上锻炼,而不是去跑道上跑步,这至关重要。如果他非要固守之前的训练计划,那么伤势就有可能恶化,导致好几周甚至几个月都无法参与训练。

我们细想一下就会明白,如果没有灵活性而光靠毅力的话,我们就会走进一条死胡同。因为我们不接受反馈,我们就无法从错误中学习,也就不会进步,只是不管不顾地向前冲。反过来,没有毅力的灵活性，往往会导致在开始做事时信心满满，时常冒出一些新想法和新思路，但是很快会落得一个"三分钟热度"的名头，尝试了很多事但不够专注，无法将任何一件事做完。有些人的思维太过灵活，所以什么事情都能让他分心。

在生活中，平衡好毅力和灵活性是取得成功的关键。应对力可以帮助我们做到这一点。因此，你必须努力打好应对力的四大基石：

- 保持灵活性，适应这个不断变化的时代
- 培养自我意识
- 努力提高情绪意识和情绪调节能力
- 学会听从自己的直觉，因为它会引领你厘清生活中种种复杂的问题，帮助你更清楚地认识你所处的情境

灵活性是应对力最重要的基石，但另外三大基石也对灵活性有着极大的助力作用。掌握这四大基石可以让你应对任何挑战，甚至包括一些极难克服的挑战。所以，要想在生活中取得成功，往往要找到毅力和灵活性的平衡点，而这个平衡点取决于具体的情境。做出"坚持还是改变"这个决定至关重要。此时，应对力会帮助你做出更明智的决定，做出更多正确的决定。

应对力的培养是一个持续的、贯穿一生的过程。不管在任何领

域，都会有专家告诉你应该"活到老，学到老"——那么在生活这个领域，不也是一样的吗？对于生活中的种种问题，没有什么万能良方。许多你试验过的策略在未来会发挥作用，但有时候，你要面对的是全新的问题，那你就必须在"忙乱"中想出全新的方法来应对它们。应对力的关键在于培养一种能力——在合适的时刻，选择合适的策略。就像在击球时，面对不同的情况，我们需要选择合适的高尔夫球杆。这通常包括两步：

- 决定是应该坚持，还是需要改变，并做新的尝试
- 如果决定改变，就要选择合适的新方法解决所面临的问题

怎么知道什么时候该坚持，什么时候该改变呢？

我们应对某种情况所采取的方法通常由该情况的不确定性程度决定。如果这种情况的不确定性比较小，并且一切进展顺利的话，那么坚持也许就是最正确的选择。何必去修理还没坏掉的东西呢？但是，如果情况变得愈发不确定，那我们就必须接受变化，灵活处理。

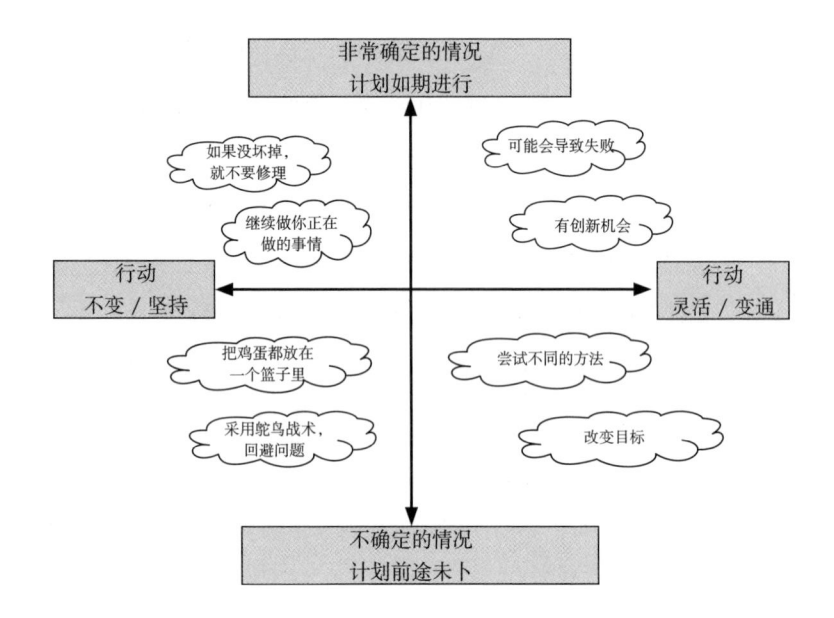

```
                    ┌─────────────────┐
                    │  非常确定的情况  │
                    │  计划如期进行    │
                    └────────┬────────┘
                             │
         ╭─────────────╮     │     ╭─────────────╮
         │ 如果没坏掉,  │    │     │ 可能会导致失 │
         │ 就不要修理   │    │     │ 败           │
         ╰─────────────╯    │     ╰─────────────╯
              ╭─────────────╮│╭─────────────╮
              │ 继续做你正在 ││  有创新机会  │
              │ 做的事情    │ │              │
              ╰─────────────╯│╰─────────────╯
┌────────┐                   │                   ┌────────┐
│ 行动   │◄──────────────────┼──────────────────►│ 行动   │
│不变/坚持│                  │                   │灵活/变通│
└────────┘                   │                   └────────┘
         ╭─────────────╮    │    ╭─────────────╮
         │ 把鸡蛋都放在 │    │    │ 尝试不同的方 │
         │ 一个篮子里   │    │    │ 法           │
         ╰─────────────╯    │    ╰─────────────╯
         ╭─────────────╮    │    ╭─────────────╮
         │ 采用鸵鸟战术,│    │    │  改变目标    │
         │ 回避问题     │    │    ╰─────────────╯
         ╰─────────────╯    │
                             │
                    ┌────────┴────────┐
                    │  不确定的情况    │
                    │  计划前途未卜    │
                    └─────────────────┘
```

　　应对力,就是要找到一种方式,让自己能在特定的情况下选用合适的办法。当然,为了做到这一点,在需要的时候你必须有选择坚持或变通的能力。就像特种空勤团那位士兵对我说的那样,要想获得这种能力,你必须有很丰富的生活经验供你利用,来帮助你处理各种各样的情况。

　　生活经历会使你有丰富的处理问题的经验。我们必须承认这样一个事实:接触到各种各样的情况和真实生活的丰富经验是非常宝贵的,无可替代。这些丰富的经验在变化无常的情境下为你提供了各种不同的选择。

在本书中，我们深入探讨了应对力的四大基石。当你面临不同的挑战时，你可以不时翻阅这些资料。我尝试着给出尽可能多的技巧和建议，希望能帮助你应对这个复杂多变的世界。尝试做一些练习，如果觉得有帮助，就把它记录在日记里，接下来就是练习，练习，再练习。就像优秀的运动员一样，要想磨砺你的专业知识，使你的成功机会最大化，在你的"亲身实践"中培养能力和获取经验才是最高效的方式。

关乎生存的应对力原则

1. **保持开放和好奇的心态**：以开放和好奇的心态对待这个世界，尽量避免陷入僵化的思维模式，不要认为做一件事只有一种方法。

2. **适应不确定性**：学会接受唯一确定的事情——万物都在变化。如果你回避不确定的情况，不愿意做出改变，那么你将逐渐陷入僵化的思维、感觉和行为方式。许多人会局限于自己的思维方式中，当生活稳定、没有意外发生时，这样很好，但变化无常，当情况发生改变时不愿改变的人会很快被生活抛在后面。

3. **培养灵活的生活方式**：这是应对力的第一个也是最重要的基石。记住"ABCD"法则可以让人变得更加灵活：适应不断变化的需求；平衡相互矛盾的欲望和目标；改变或挑战看问题的角度；

发展心理能力。这样你就能像我的那位做执行教练的朋友所说的，"在当下灵活起舞"。

4. 培养自我意识：这是应对力的第二大基石，它要求你理解自己的核心价值观，并诚实面对自己的能力。不断反思和检讨自己所做的事情是否与真实的自己相吻合。为真实的自己找到相匹配的生活方式，这是出色应对的关键因素之一。

5. 接受并拥抱你的情绪变化：第三大基石——理解并拥抱自己的情绪——也有助于增强我们的思维灵活性。有些情绪会让你感觉不太好，但它们可以让你了解这个世界和你自己的感觉。学会倾听情绪传递给你的信息，同时学会在情绪变得过于强烈时调节自己的情绪。记住——关键是要灵活，在不同的情况下需要不同的方法来调节你的情绪。

6. 培养直觉：除了学会倾听来自身体内部、通常十分微妙的信号之外，还要学会留意身边事物，培养对周围环境的"情境意识"。应对力的第四个基石可以让你做出更明智的决策，并提高灵活性。

7. 学会去中心化：我们有一种独特的能力，可以退后一步，放眼全局。一旦拓宽了视野，我们就可以提醒自己，我们的想法不一定是真实的——这些想法就像经过站台的火车，它们穿过我们的大脑，我们并不总是需要接受或相信它们。这种走出当下、放眼全局的能力非常有用，在危急时刻尤其如此。

8. 学习一些呼吸练习和基础技巧：学习一些简单有效的方法来

放松身体。对自己的身体保持基本的感知,这真的可以帮助你平稳心态。大量的研究表明,我们的大脑接收到的内部身体信号不断被解读分析,所以如果你的身体紧张并发出痛苦的信息,你的大脑就会保持警惕。简单的呼吸练习会有意想不到的放松效果。每天都练习一下,不要等到危机来临再练。

9. **创建一个快乐记忆相册**:写下你能记得的一些快乐时光。这种方法很有效,会让你在遇到麻烦和压力时回想起快乐的经历。我们从大量的研究中得知,那些情绪低落的人很难将注意力转向更积极的方面。因此,将注意力从消极的方面转移开,花更多时间思考事情的积极面,这是一个简单的办法,却也是一个非常好的心理健康策略。

10. **学会"拥抱压力"**:我们在整本书中都可以看到,经验是关键。让自己尽量拥有各种经验是发展应对力的自然方法。身处逆境可以发展我们应对压力的心理技能和社交技能。所以,不要试图逃避每一个逆境和不确定的情况,直接迎面而上——这是学习技能的唯一途径,你将需要这些技能来跨过未来的困难。

11. **培养"明智大脑"**:正如我们在第 11 章所述的,在辩证行为疗法中,有三种精神状态或存在方式:情感思维,即通过情感和直觉来评估情况;理性思维,即通过分析客观事实来了解情况;明智思维,即把情感思维和理性思维结合在一起。试着问你自己:"我明智的大脑会怎么做?"在平静时期做这个练习尤其有用,因为当危机发生时，只有练习过的人才更容易解决问题。

12. 享受生命的旅程！记住，生活可以充满乐趣。当然，我们都必须面对悲伤、失落和失望，这些都是正常生活的一部分。但是也有许多奇迹等着你去欣赏。所以，拥抱生活——慢下来，停下脚步，活在当下；敬畏生活，点亮生活，寻找令你惊奇的事物；欣赏伟大的艺术品或音乐，关注大自然的美丽，观察浩瀚的夜空，这些都是全面看待事物的好方法。

应对力帮助我们应对不确定的世界

应对力让人具备灵活性，让我们能够在一个变化不定的世界中茁壮成长。在这个世界中，许多不断变化的事物都从意想不到的地方向我们袭来，如果非要固执地坚持，我们可能会错过生命内在的丰富性、创造性和野性。有许多例子表明，多面手——那些不执拗于一件事的人，无论是职业还是爱好——往往在生活中更成功，也更快乐。重要的是找到合适的匹配项。不要为了辞职或转行而辞职或转行，辞职或转行是为了找到与你的才能和兴趣最为匹配的工作。

我的朋友乔纳森费了九牛二虎之力才发现这一点。他在学校对科学充满兴趣，并希望读大学时学习化学专业。然而，他出身于律师世家，承受着巨大压力的他被迫进入了法律领域。他勉强拿到了法律学位，整个过程度日如年。之后，他在律师事务所工作了几年，接受培训成为一名出庭律师。乔纳森没有讲故事的天赋，他只能惊讶地看着他的同行们用精彩绝伦的叙述巧妙地操纵着陪审团。

讽刺的是，当他加入了一名化学家的辩护团队后，他的生活发生了改变。这名化学家声称自己拥有一项专利，而他所在的大学认为这项专利理应属于学校。乔纳森询问了客户，并与其讨论了几个小时的发明细节，这重新点燃了乔纳森对化学的热爱。那起案件结束几个月后，他做出了一个非同寻常的决定，放弃律师工作，重新学习科学方面的知识。之后，他从未回头，只希望自己能更早一步实现飞跃。"谢天谢地，我终于有足够的勇气辞职了，"他对我说，"否则这将是一条漫长而艰辛的不幸之路。"

对乔纳森来说，辞职是正确的决定。通常情况下，做出改变是正确的选择。对帕迪·隆德来说，缩减牙科诊所的业务是最佳的解决方案，多年前决定退出会计行业对我来说也正确无疑。当17岁的我躺在卧室里抽泣时，我以为我的未来已经一眼望到头了，但其实不然，人生旅程才刚刚开始！

当然，没有人能确定我们是否走上了正确的道路，是否做出了正确的决定，因为日常问题并没有确切的答案。但我们知道的是，面对种种不确定性，我们需要应对力才能在生活中取得成功。

我希望这本书能使你的人生之路更有弹性。通过学习去理解和接受自己，欣赏周围的环境，认识到灵活思维和开放心态的力量，我希望你已准备好欣然接受自己的余生，不把它当作一件苦差事，而是看作一次冒险之旅。

附录一
九点谜题答案

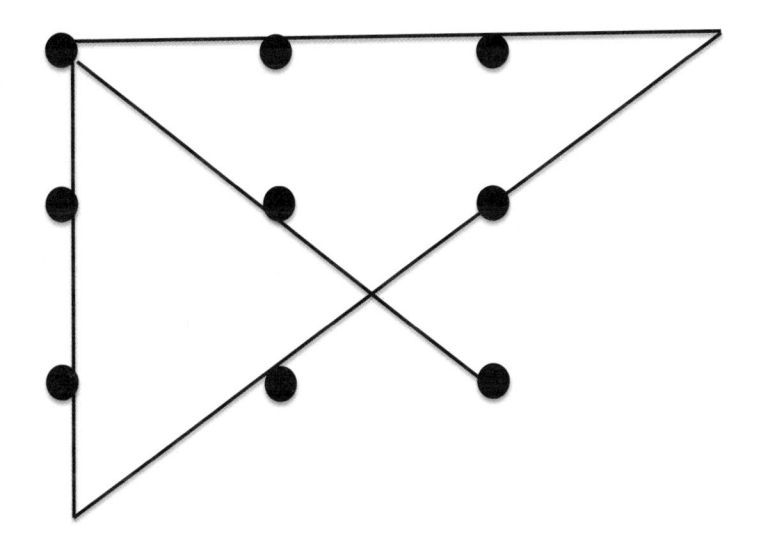

附录二
如何为个人故事的组成部分评分？

评分标准改编自凯特·C. 麦克莱恩（Kate C. McLean）及其同事撰写的科学论文：《叙事身份的实证结构：最初的大三人格测试》(The empirical structure of narrative identity: The initial Big Three)，该论文于 2020 年发表于《人格与社会心理学》(Journal of Personality and Social Psychology) 第 119 卷，920-944 页。乔纳森·阿德勒（Jonathan Adler）及其同事 2017 年在《社会心理与人格科学》(Social Psychological and Personality Science) 第 8 卷，519-527 页，也发表了一篇相关研究的入门文章，进一步提供了背景知识。

情商

　　能动性（A）：这与参与者在叙事中表现出的自主性有关。你是否可以很好地掌控形势？如果完全受形势摆布，无计可施，就给自己打 0 分，之后依次是 1、2、3 或 4 分，4 分代表能完全掌控自己的生活，有能力随时改变自我并改变生活。

交互性（C）：如果你完全被孤立、无视，或拒绝别人，就得0分，然后依次是1~4分，4分代表你与他人联系密切。描述联系的方式越多，得分就越高。

情绪基调（E）：这与讲述个人故事时整体的情绪感受有关。评分范围为1~5分，1分表示情绪非常悲观或消极，5分代表情绪乐观积极，3分则表示情绪平稳、不悲不喜。

"救赎式"（R）和"堕落式"（Ct）："救赎式"的叙事有一个糟糕的开头（如失败或疾病），但最终转悲为喜，以积极的结局结尾；"堕落式"指故事虽有好的开端，状况却逐渐恶化，最终自我堕落。叙事从头到尾没有任何变化得0分，从消极状态到积极状态发生微小变化得1分，变化较大则得2分。反之，从积极到消极状态发生微小变化得 –1 分。

情商的计算公式为（A+C+E+R）– Ct。也就是说，可以将三个组成部分（A，C和E）的分数简单相加。如果自述者作"救赎式"陈述，则加上R项得分；如果为"堕落式"陈述（从好到坏），则扣掉Ct得分。

制造意义

探索式叙事过程（EP）：这个维度用以衡量自述者叙事时，是否为了理解事件的影响及改变自我意识的潜力对过去事件的意义做出了开放型分析与探索。这种分析可能包括对事件发生时个人感受的反思、对事件本质的探讨，以及是否明确概述了自己可能因事件而发生的改变。以叙事中的探索性为主，可以分为五个等级，从 0 到 4 分：0 分代表没有任何探索，1 分代表最小探索性，4 分代表高度探索性。

制造意义（MM）：这个维度表示，通过反思过去的经验而增加自我认知并获得洞察力的程度。没有解释事件的意义，得分为 0；如果得到了具体的教训，得 1 分；若意义解释得含糊不清，得 2 分（比如报告了一些自我成长或变化，但没有具体细节）；如果有证据表明从事件中获得了具体的启发，并触类旁通地将其应用到更广泛的领域，则得 3 分。

改变连接（CC）：叙述的事件或情况导致自我理解的某些方面发生改变，这一维度反映改变的程度。如果没有证据表明该经历导致自我理解发生任何改变，则得分为 0；如果该事件引起了自我理解的改变，得 1 分；如果该事件揭示了自我未知的一面，得 2 分。

成长（G）：这一维度反映了叙事中个人积极成长的程度。如果叙述没有显示出参与者的成长，那么得分为 0；若显示有所成长，但没有过多阐述，那么得 1 分；如果清楚地描述了自我的积极成长，并将其描述为至关重要的，则得 2 分；如果细致入微地描述了自我成长，并且将其清楚描述为影响深远的，则得 3 分。

意义建构的公式为（EP+MM+CC+G）。换句话说，把四个部分的分数简单相加即可。

复杂性

复杂性的关键因素在于故事的真实性和连贯性。

事实（F）：事实细节通常包含事情何时何地发生，何人做了何事，等等。完全没有事实细节的呈现，得分为 0；根据带入事实细节的程度，得分为 1~2 分；如有对动机、意图和内部状态等细节的详细描述，可以让人了解当时的感觉或想法，可得 3 分。

连贯性（Co）：这反映出叙事的时间和背景是否符合情理。是否真切地描述了事件背景？是否对发生时间了然于心？若叙述毫无连贯性得 0 分，有时间、地点等具体细节可得 1 分，能够清晰描述时间线可得 2 分。

复杂性的计算公式为 F+Co。也就是说，把这两个部分的分数简单相加即可。

情商：得分范围为 0~15 分

制造意义：得分范围为 0~12 分

复杂性：得分范围为 0~5 分

致谢

《应对力》这本书的核心内容形成于数年前，经过漫长而曲折的道路终于出版了。正是因为有了应对力和灵活性，我才能写下这本书，我希望大家会喜欢这本书并有所收获。感谢一路走来诸多帮助过我的人。

首先，我要感谢我的朋友兼文学经纪人 Patrick Walsh。Patrick 很出色，一直以来都很信任我的项目，并努力将我烦琐而笨拙的想法整理成富有意义的文字。亲爱的 Patrick，感谢你多年来对我的支持。另外，还要感谢霍德出版社的编辑 Kirty Topiwala，她对《应对力》倾注的热情也使我大受鼓舞，继续深入研究。Kirty 一直不遗余力地支持《应对力》，对于我的手稿，她总是温柔地鼓励我在某处删减几句，在另一处添色几句，使我的手稿日趋完善。能和 Kirty 共事很愉快，我希望有一天我们能再次合作。手稿接近尾声时，Kirty 又放下编辑重担，去为这本书做推广。Anna Baty 接手了编辑任务，她工作出色，仔细阅读了我的手稿并给出了精辟的编辑意见。最后在她的帮助下，本书手稿终于完成。我非常感谢霍德出版社的全体人员，他们对于这本书的热情让我能够坚持早早起床开始写作。我也非常感谢美国 Harper One 出版社的编辑 Gideon Weil，他对于《应对力》的早期意见和无限信任，助力了这本书的问世。

我对一直以来的诸多合作者表示衷心的感谢，他们的想法和讨论影响了我的想法，开阔了我对情绪、情感及其影响力的思路。我要感谢 Lisa Feldman-Barrett 和她在波士顿的团队，感谢 Naz Derakshan 和她在伦敦的团队，还有许多来自"认知与情感"研究群体的伙伴们，名单如下：Yair Bar-Haim，Eni Becker，Simon Blackwell，Andy Calder，Patrick Clark，Tim Dalgleish，Rudi DeRaedt，Chris Eccleston，Ben Grafton，James Gross，Colette Hirsh，Emily Holmes，Jennifer Hudson，Ernst Koster，Jennifer Lau，Andrew Mathews，Colin MacLeod，Lies Notebaert，Hadas Okon-Singer，Mike Rinck，Elske Salemink，Louise Sharpe，Reinout Wiers，Mark Williams，Marcella Woud 和 Jenny Yiend。

我还要感谢许多人，感谢我在牛津的情绪与情感神经科学中心的重要成员，他们是：Charlotte Booth，Emilia Boehm，Luis Casedas Alcaide，Rachel Cross，Keith Dear，Hannah DeJong，Alessio Goglio，Maud Grol，Sam Hall-McMaster，Lauren

Heathcote，Matthew Hotton，Rob Keers，Anne-Wil Kruijt，Michele Lim，Danna Oomen，Sam Parsons，Anne Schwenzfeir，Annabel Songco，Olivia Spiegler，Desiree Spronk，Laura Steenbergen，Johannes Stricker，Eda Tipura，Ana Todorovic，John Vincent 和 Janna Vrijsen。特别要感谢 Alex Temple-McCune，在《应对力》完成之际，他不幸去世了，年仅 26 岁。Alex 面对疾病和处理接连不断的坏消息的方式给我们所有人带来了真正的激励。

  这些年来，成百上千的志愿者参与了本书相关的多种研究，他们少有回报却贡献巨大，要是没有他们的参与，就不会有这本书的问世，我很感谢他们。多年来，我接触过体育界、商界还有军事界人士，他们分享了自己的故事和经历，这才使这本书广受欢迎。我非常感谢他们的开诚布公，帮助我们一起找到提高应对力的方法。体育界的朋友们还提供了很多帮助，他们提出了一些颇具探索性的问题，并现身说法证明了思维灵活的重要性，这也提高了我的思考能力。这其中包括 Joey Barton，John Collins，Sean Dyche，Eddy Jennings，Ronnie O'Sullivan，Iwan Thomas，Harvey Thorneycroft 和他的"奇思妙想"团队，还有 Jon Bigg 和他在萨塞克斯优秀的运动员朋友 Charlie Grice，Elliot Giles 和 Kyle Langford。感谢你们！

  最后，我永远感恩这个世界上我最爱的人：我的丈夫凯文。

过去几年他扛下了许多难题,其抗压能力令我惊叹。他是我的人生导师、知心朋友和灵感源泉。他阅读了这本书的许多章节,给出了书名,提出了诸多建议,做了一些大刀阔斧的删减,还提供了一些故事和有趣逸事。他为我沏茶,让我能够保持清醒的大脑。